La Mia Vita, La Mia Fede II

«Sorgi, risplendi, poiché la tua luce è giunta,
e la gloria del Signore brilla sopra di te.»

(Isaia 60:1)

La Mia Vita, La Mia Fede II

Dr. Jaerock Lee

URIM BOOKS

La Mia Vita, La Mia Fede II del Dr. Jaerock Lee
Pubblicato da Libri Urim (Rappresentante: Seongkeon Vin)
361-66, Shindaebang-Dong, Dongjak-Gu, Seoul, Corea
www.urimbooks.com

Copyright © 2013 by Dr. Jaerock Lee
ISBN 978-89-7557-827-4, 978-89-7557-536-5 (set)
Traduzione Copyright © 2012 a cura Dr. Esther K. Chung.

Traduzione e Revisione Italiana a cura di Elisabetta Alicino
Precedentemente pubblicato in coreano da «The Christian Press» nel 2007

Prima edizione Settembre 2013

A cura di Eunmi Lee
Progettato dal Bureau Editoriale di Urim Books
Stampato da «Yewon Printing Company»
Per ulteriori informazioni, contattare: urimbook@hotmail.com.

La prova dell'Esistenza e della Potenza e dello Spirito Santo

Il tempo non aspetta nessuno, ma Dio è paziente, e aspetta. Aspetta che il genere umano si penta e riceva la salvezza. Oggi, i credenti, i pastori e i non credenti, hanno tutti smesso di cercare l'amore immenso di Dio e la sua volontà. Ma perché questo graduale allontanamento dal Signore e dalla chiesa? Le ragioni di questo fenomeno risiedono nella scienza moderna.

La gente, infatti, tenta di risolvere i problemi della vita attraverso il sapere, avendo più fede nelle conclusioni scientifiche piuttosto che nel potere della fede. Questo, purtroppo, accade sempre più frequentemente anche tra i cristiani. Piuttosto che accettare e credere per fede, i pastori tendono a ritenere vero solo quello che possono confermare con i propri occhi, ciò che sono in grado di comprendere solo attraverso i loro pensieri e le loro opinioni. Spesso tentano di imporre la fede spiegandola attraverso la scienza, nel tentativo di impiantarla secondo la propria dottrina confessionale. I cristiani di oggi vorrebbero, quindi, comprendere Dio e di sperimentare la sua potenza attraverso questo tipo di fede. Ma, la fede ottenuta attraverso un percorso di convincimento e di indottrinamento errato, conduce quasi inevitabilmente a criticare il potere dello Spirito Santo fino a definirlo «misticismo.» In altre parole, oggi non è la chiesa a guidare il mondo, ma il mondo a guidare la chiesa.

Molte opere dello Spirito Santo sono considerate come fenomeni provocati da misticismo. Ma, se la potenza di Dio non si manifestasse misteriosamente, non perderebbe il suo valore? Tutto ciò che Dio compie è, e deve essere meravigliosamente misterioso. Egli è l'Iddio Onnipotente, Colui che salva l'umanità.

La posizione del Reverendo Jaerock Lee è lontana da questa fede di tipo 'laico,' egli predilige rimanere sempre vicino allo Spirito Santo, il Figlio Gesù e Dio Padre, mostrando di continuo la potenza delle opere di Dio attraverso la preghiera e lo Spirito Santo.

La sua autobiografia, «*La Mia Vita, La Mia Fede I e II*»

è una storia toccante che racconta la ricchezza di un'esistenza vissuta secondo la vera fede. Questo libro ha come intento primario mettere in risalto l'esistenza dello Spirito Santo e la sua opera, verità che la gente nel mondo moderno ha dimenticato. In realtà, la fede e la scienza non percorrono due sentieri separati. Dio ha creato tutto l'universo e tutto ciò che Egli ci rivela è, di fatto, scienza. Pertanto, quando Il Reverendo Jaerock Lee guarisce i malati, risolve i problemi, e riempie le persone con l'ispirazione dello Spirito Santo attraverso la preghiera, sono azioni che possono essere considerate scienza, perché il potere per compiere questi miracoli viene da Dio. Allo stesso tempo, oltre ad essere scienza, tutto questo è anche fede.

Queste memorie, prima di essere pubblicate sotto forma di libri, sono state pubblicate su pubblicazioni cristiane ogni settimana, toccando, nel tempo, i cuori di tanti credenti e pastori. Adesso questo materiale è stato raccolto in due volumi, quale evidenza della fede vera e dell'opera vivente dello Spirito Santo. Questo volume contiene storie reali che toccano il nostro lato umano, oltre ad essere il racconto onesto del suo ministero, della fondazione e della crescita della Manmin Central Church, e una guida a dimostrazione di cosa sia davvero un ministerio, sia per i credenti laici che per i leader di chiesa.

So che questa autobiografia ha toccato e influenzato numerosi pastori e credenti. Pastori, in quanto molto interessati alla crescita della chiesa e alla dimostrazione della potenza dello Spirito Santo, credenti laici, perché toccati dal suo ministero di guarigione e dall'opera vivente dello Spirito Santo. Molte chiese coreane, oggi, hanno perso il potere dello Spirito Santo, molte non sono neanche più *«Chiesa Vivente»* perché maltrattano la potenza dello Spirito Santo additandola come misticismo. Ma lo Spirito Santo non è affatto mistico. Lo Spirito Santo è reale ed attuale!

So di non sbagliare nel dichiarare apertamente che il Reverendo Lee è uno dei ministri più veri qui in Corea. Molti concordano nell'affermare che questa autobiografia ha riacceso l'amore verso il Signore Gesù nel cuore di molti credenti e che molti sono stati rafforzati nella loro fede debole leggendo le pagine di *«La Mia Vita, La Mia Fede I e II.»* I pastori hanno accresciuto la loro comprensione della chiesa come luogo dove lo Spirito Santo è all'opera.

Inoltre, vorrei anticiparvi che in questo volume troverete tutta la verità – la vera storia – degli incidenti avvenuti presso il canale televisivo MBC Broadcasting. La vicenda, raccontata da chi conosce esattamente cosa è successo, ci dice chiaramente che il Reverendo Lee ha subito fortissime persecuzioni da alcune chiese coreane e chee tutto questo andava fermato. Inoltre, chiedo che la MBC (Munhwa Broadcasting Corporation) faccia le sue scuse pubbliche alla Manmin Central Church.

Questo è il mio auspicio, che dopo aver letto l'autobiografia del Reverendo Jaerock Lee, sia i pastori che i credenti aprano gli occhi e vedano chiaramente l'opera dello Spirito Santo.

Rev. Jongman Lee
(Pastore Metodista Presidente permanente del World Christian Mission Revival Association)

Indice dei contenuti

Raccomandazione
La prova dell'Esistenza e della Potenza e dello Spirito Santo

Capitolo 1
Come la terra indurisce dopo la pioggia

Capitolo 2
Chi dobbiamo ascoltare?

Capitolo 3
La mente di Gesù mentre saliva con la croce al Golgota

Capitolo 4
Desidero solo soddisfare la volontà di Dio

Indice dei contenuti

Capitolo 5
Come l'acqua copre il mare

Capitolo 6
Solo attraverso il nome di Gesù Cristo

Capitolo 7
I popoli verranno alla tua luce

Capitolo 1

Come la terra indurisce dopo la pioggia

Dopo aver seminato semi di fede

Dopo pochi anni che la nostra chiesa si era trasferita in un nuovo santuario, nella zona di Dong Guro, il locale era già diventato piccolo. Non eravamo più in grado di contenere la gente all'interno e le macchine nel parcheggio.

Dovevamo trovare un luogo più grande, e trovarlo in fretta. Non lontano dal santuario attuale erano stati messi in vendita diversi immobili, tra cui uno in particolare di ben 14.000 metri quadrati. Stavamo ancora pagando il mutuo sulla costruzione in cui ci trovavamo ora e pareva davvero difficile riuscire ad acquistare questo nuovo locale.

Pregai. Dio mi rispose dicendomi di acquistare l'immobile. Il costo dell'operazione era di circa 20 milioni di dollari (20 miliardi di ₩ coreani), ma a me era difficile anche solo pensare di recuperare 1 milione di dollari, vale a dire l'importo necessario per firmare il compromesso. Eravamo stati testimoni della potenza di Dio ogni qual volta avevamo obbedito, anche in situazioni apparentemente incredibili. Anche adesso, quello che ci serviva, era la fede per credere nell'impossibile.

Mi convinsi, e iniziai a pensare di seminare l'importo che ci occorreva per il compromesso come seme di fede, vale a dire 1 milione di dollari. Dio ci aveva sempre benedetto abbondantemente, ma avevamo già speso molto denaro in offerte, opere missionarie e beneficenza, non avevamo molti contanti a disposizione. Ma, cosa è impossibile se Dio è con noi?

Non appena ho iniziato a pregare perché potessimo avere i 100 milioni di ₩ (il milione di dollari), Dio si mise all'opera, anche in modi inaspettati. Molti di quelli che erano stati guariti attraverso la mia preghiera e molti tra quelli che avevo aiutato mi venivano a trovare, da tutto il paese, portando offerte di ringraziamento.

Fu così che nell'agosto del 1995, fummo in grado di firmare il compromesso per il nuovo santuario e consegnare i 100 milioni di ₩ necessari all'accordo. Noi, in realtà, non avevamo fatto nessun annuncio ufficiale, nessuna raccolta fondi pubblica per questo progetto, ciononostante, Dio muoveva il cuore dei membri della chiesa – anziani, giovani, bambini – e tutti partecipavano e contribuivano volontariamente e con gioia.

Le offerte iniziarono ad arrivare non solo da tutto il paese, ma anche dall'estero e presto firmammo il compromesso. La nostra parte fu di obbedire alla parola di Dio, e, a partire dalla settimana della firma del contratto, le offerte iniziarono a triplicare.

A Cuore Unito

Nel maggio 1996 le strutture portanti erano state appena consolidate e la costruzione era attivamente in corso. Avevamo in programma le consuete due settimane speciali di risveglio a partire dal 10 giugno e avremmo voluto ospitare queste riunioni nel nuovo santuario, per poter accogliere più persone. Si stimava, però, che per completare la costruzione ci sarebbero voluti ancora due mesi, poco più, poco meno. Conoscendo molto bene questa situazione, i fratelli della chiesa chiesero di servire come volontari, per aiutare con i lavori.

Alcuni presero le ferie, altri vennero a lavorare dopo il loro lavoro, chi trasportava cemento e sabbia, chi poneva mattoni e tegole, chi imbiancava le pareti. A centinaia lavorarono insieme tanto che fummo in grado di ospitare le due settimane di risveglio annuali nel nuovo santuario, anche se i soffitti non erano stati del tutto completati. Portammo a termine il risultato compiendo una marcia di fede comune! La riunione di apertura degli incontri di risveglio fu indimenticabilmente toccante.

Dio ci donò una serie di quindici messaggi – di cui il passaggio principale era Giovanni 3:6 – che intitolai «La carne e lo Spirito.» Egli ci fece dono di questa parola in modo che i fratelli e le sorelle potessero meglio distinguere tra carne e spirito, perché si liberassero della prima in favore del secondo. Fummo testimoni di molte opere di guarigione per la gloria di Dio.

Una Chiesa Fondata in Giappone attraverso la Benedizione della Concezione

Quando vedo i malati, «spesso prego Dio di passare il loro dolore a me, e di liberarli da ciò che li consuma.»

A motivo delle malattie dolorosissime di cui ho sofferto per buona parte della mia vita, so bene nel profondo del mio cuore cosa provano gli infermi. Se fosse possibile, davvero vorrei ammalarmi io al loro posto. Lo stesso vale quando sento di credenti che vivono nel peccato. Non ci penserei due volte a sacrificare la mia vita se fossi certo che Dio garantisse loro lo spirito di redenzione e la salvezza.

«Dio, se fossi certo che smetterebbero di peccare se tu prendessi la mia vita, ti chiederei di prenderla ora, così che loro siano salvati.»

Mosé avrebbe ceduto ben volentieri il suo nome, cancellato dal libro della vita, e accettato l'inferno, in cambio della salvezza del popolo d'Israele. (Esodo 32:32).

L'apostolo Paolo dichiarò in più di una occasione il suo amore verso il suo popolo, tanto che avrebbe accettato qualsiasi cosa, anche essere maledetto e separato dal Cristo, purché fossero salvati. Io ambivo ad avere questo tipo di amore spirituale. Se i membri della mia chiesa avessero guadagnato la vita attraverso il mio sacrificio, avrei ben sacrificato me stesso.

Nelle riunioni di risveglio che abbiamo tenuto dopo la costruzione del nuovo santuario, oltre mille malati hanno richiesto preghiera. Abbiamo tenuto incontri speciali solo per gli infermi tutti i giorni, e io ho pregato per ognuno di loro, per due settimane consecutive, sera dopo sera, ora dopo ora. È stato estenuante, ma Dio ha risposto al mio grido e alla mia petizione, e lo Spirito Santo ha operato ogni giorno con il fuoco.

Due settimane di lavoro intenso, ma dopo la preghiera dei malati con fede e speranza nella misericordia di Dio, abbiamo visto malattie incurabili scomparire, infermi affetti da condizioni rare venire guariti, cellule tumorali bruciate e tumori al polmone, all'utero, e alla laringe sparire. Non solo, abbiamo visto corpi induriti a causa di paralisi cerebrale ritornare normali.

Durante questi incontri di risveglio, ci hanno fatto visita Jekyoo Ju, il Segretario Generale della Federazione dei residenti coreani in Giappone, della Prefettura di Yamagata, e sua moglie. Anche loro hanno sperimentato il miracolo di Dio, ancora una volta, così come l'anno prima. Vennero da noi con una storia da raccontare.

Nel maggio 1995, la moglie del diacono Ju fu colpita da

La famiglia Ju

una forte febbre e da un gran mal di testa nel cuore della notte. Dovendo partire per venire in Corea in un viaggio di lavoro il giorno seguente, il diacono Ju decise di portare sua moglie con sé per farla visitare da alcuni medici qui a Seoul. Le fu diagnosticata una timpanite colesteatomatosa. Le suggerirono un intervento chirurgico immediato, in quanto rischiava di perdere completamente l'udito e di sviluppare anche una meningite. Lei aveva già sofferto di timpanite al tempo delle elementari e nel corso degli anni diverse volte si era ammalata alle orecchie, ragione per cui prendeva spesso dei farmaci specifici.

Su insistenza della madre, la domenica mattina seguente ci fece visita in chiesa e volle ricevere la mia preghiera. Dopo la preghiera testimoniò che sentiva il corpo fresco come la menta e che il dolore era scomparso. Da quel giorno, oltre a non aver più sofferto né di mal di testa né di altre complicazioni, tutte le patologie legate all'orecchio scomparvero.

Il giorno dopo – il lunedì – lei e suo marito parteciparono alla riunione di risveglio, si pentirono dei loro peccati, ricevettero la salvezza e il dono spirituale delle lingue. Nel giugno 1995, la moglie del diacono Ju ritornò in Giappone guarita completamente, per la grazia di Dio, dalla timpanite che la affliggeva.

Pochi giorni dopo il ritorno a casa iniziò a sentire qualcosa di strano nel suo corpo e, circa tre settimane più tardi, persistendo il malessere, decise di farsi controllare in ospedale. Scoprì di essere incinta. Si era sposata nel 1991 e aveva subito un'operazione al cuore, ragione per cui i dottori le avevano anticipato che, nella rara ipotesi fosse rimasta incinta, sarebbe stato pericoloso per lei portare avanti la gravidanza.

Era il loro quinto anno di matrimonio ed erano passati solo otto mesi dall'intervento al cuore, ciononostante, erano sicuri che la gravidanza facesse parte della benedizione di Dio. Nel marzo 1996 nacque il loro primo figlio, Shiyoung, ma la loro gioia fu breve, perché a pochi giorni dal parto scoprirono che il piccolo soffriva di una malattia invalidante che disabilitava la formazione di ormoni. Il piccolo poteva crescere solo con l'aiuto di farmaci ormonali. Se non li avesse presi la parte inferiore del suo corpo non sarebbe mai cresciuta, avrebbe potuto sviluppare malformazioni alla testa, oltre a mantenere alto il rischio di morte.

Nel maggio 1996, questa coppia offrì una preghiera votiva

per la guarigione del figlio Shiyoung. Vennero in Corea di nuovo (era passato circa un anno) per partecipare alle due settimane di risveglio. Furono molto incoraggiati dai messaggi della Parola di Dio e si convinsero della guarigione del loro bambino. Fermarono completamente la somministrazione dei farmaci e lasciarono la vita di Shiyoung interamente nelle mani di Dio. Tornarono in Giappone, dove Shiyoung cresceva sano e normale. Dopo diversi mesi fecero un check up medico completo al piccolo, dove fu loro certificato che i suoi livelli ormonali erano normali, tant'è vero che continuava a crescere.

Ripiena di grazia divina, questa coppia non ha mai smesso di predicare il Vangelo e pregare. Nel luglio del 1997, con altre sei persone diedero il via a una serie di riunioni in casa, e da allora, il numero di persone è cresciuto tanto che in breve ci chiesero di inviare loro un missionario. Così, nel settembre 1999, abbiamo commissionato Kangsup Jang, un pastore della nostra chiesa, ad andare in Giappone. In questo momento, proprio mentre scrivo, hanno una grande chiesa a Yamagata e stanno facendo appieno il lavoro del Signore. Il diacono Ju e sua moglie hanno avuto altri due figli, un maschio e una femmina e sono una famiglia sana e felice.

Allargamento della Missione oltremare

Il mio nome ha cominciato a farsi conoscere nella zona di Washington D.C., e ogni anno venivo invitato ad andare negli Stati Uniti. Nel febbraio 1996, infine, mi recai a Honolulu presso la Chiesa Battista Coreana a predicare il messaggio del vangelo in occasione della «Korean United Crusade and Pastors Conference,» organizzata dall'Associazione delle Chiese Coreane in Hawaii. L'incontro si svolse presso i locali della Honolulu Baptist Church of Korea e aveva come titolo «Rinnovaci.»

Ero certo che avrei trovato una fede forte nei credenti di questa chiesa, proprio perché era stata istituita dal primo presidente coreano, Sigmund Rhee. Con mia grande sorpresa, però, una volta arrivato alle Hawaii, mi resi conto che non c'erano tante chiese e le poche presenti soffrivano di molte difficoltà. Il principale motivo per cui le comunità chiudevano, secondo i pastori, erano i tanti litigi che avvenivano tra loro e i credenti che frequentavano le chiese.

L'Associazione delle Chiese Coreane in Hawaii era guidata dal vescovo della Chiesa anglicana John Park, che era anche un poeta, e una persona tranquilla. Sin dalle prime riunioni il vescovo si rivelò molto aperto a ricevere grazia.

Qualcosa Cambia

Per 3 giorni ho predicato questi messaggi: 'Perché Gesù è il nostro Salvatore', 'La fede carnale e la fede spirituale' e 'La vita eterna è mangiare la carne e bere il sangue del Figlio dell'uomo.'

Crociata alle Hawaii

Mi era stato riferito che in un primo momento molti nella chiesa si erano dimostrati contrari a questi incontri, ma sin dal primo giorno, alla fine della prima riunione, tanti furono toccati e benedetti e l'atteggiamento generale cambiò drasticamente.

Alla fine dei tre giorni, uno dei pastori di quella chiesa venne da me con le lacrime confessando: «Questa chiesa ha tanti problemi a motivo della mia arroganza. È tutta colpa mia!» Quello fu il primo passo, perché cambiando il cuore del pastore a poco a poco, anche il cuore dei credenti cambiò. Dal canto mio, non ho mai avuto dubbio che Dio avrebbe risolto ogni problema di quella comunità.

Grande Campagna Evangelistica a Washington

Inoltre, l'ospitalità che io e i miei accompagnatori ricevemmo fu straordinaria. Nei giorni della conferenza c'erano anche sessioni specifiche dedicate ai pastori, momenti in cui ho provato a piantare fiducia nel cuore dei leader, dicendo loro che di certo ce l'avrebbero fatta. Dopo la conferenza, un pastore anziano mi confessò in lacrime: «Non è colpa del mio gregge, è colpa mia. Sono io quello che ha sbagliato!»

Un altro pastore mi ha detto: «Non sapevo davvero più cosa fare, dove andare. Ho iniziato a voler morire. In questi giorni ho ricevuto grazia, forza e fiducia. Ora lo so, posso farcela!» Un altro mi disse: «Pensavo di essere un insegnante spirituale, mi fidavo molto della mia conoscenza. Mi sono reso conto, invece, che devo imparare tutto da capo.» Quest'ultima confessione fu per me davvero toccante, perché veniva da un cuore umile e sincero.

Gli incontri finirono e mi congedai dai pastori. Il vescovo John Park, nel salutarmi mi disse: «Avevo solo sentito parlare degli apostoli di 2.000 anni fa, ma ora, vedo un apostolo proprio davanti a me.» Molti dei pastori vennero a salutarmi all'aeroporto, alcuni addirittura in lacrime, dispiaciuti che stavo tornando a casa. Questa esperienza toccò molto il mio cuore.

Guarito attraverso un sogno

In settembre 1997 (precisamente dal 26 al 28) a Washington fu organizzata la 'Great Evangelism Campaign' dal tema «Signore, Rinnova Washington e Baltimora», a cura di un network di Radio Cristiane, presso una chiesa nello stato della Virginia.

Molti coreani che vivono negli Stati Uniti parteciparono a

quest'incontro, alcuni venivano da Washington D.C., altri dal Maryland, dalla Virginia, da New York City, e alcuni addirittura da Toronto, in Canada. Ho predicato dei messaggi dal titolo: «Perché Gesù è il nostro Salvatore,» «La fede carnale e la fede spirituale» e «La vita eterna è mangiare la carne e bere il sangue del Figlio dell'uomo».

Le riunioni di evangelizzazione si tenevano la sera, così, durante il giorno erano state organizzate delle sessioni per i pastori. Per quest'occasione mi ero preparato a lanciare un messaggio dal titolo: «Il segreto della crescita della Chiesa» per tutti i pastori partecipanti, che inoltre provenivano da varie denominazioni.

Il giorno successivo, il 29 settembre, alla crociata Coreano-Statunitense, organizzata dalla Maryland Korean Churches Association, presso la United Presbyterian Church di Baltimora, parteciparono non solo credenti coreani, ma anche circa 1.500 locali non coreani, trasformando questo evento in un festival interculturale che ha unito popoli diversi.

Ma c'erano alcune opere inquietanti del diavolo, il nemico, che volevano impedirmi di parlare a questo incontro. L'incontro doveva tenersi nella chiesa di un certo pastore che, dopo aver sentito alcune cose calunniose sul mio conto, non voleva più che io fossi l'oratore principale del meeting, e soprattutto, non voleva assolutamente che il servizio si tenesse nella sua chiesa.

Dio scacciò i dubbi che Satana aveva innestato nella mente di questo pastore attraverso un sogno. Il pastore in questione soffriva di una malattia cronica alla colonna vertebrale e aveva più di dieci perni metallici all'interno della spina dorsale. Il suo mal di schiena era al limite della sopportazione.

La sera prima della riunione, durante la notte, il pastore

sognò che il gli davo delle aspirine. Immediatamente si svegliò e si accorse che il dolore alla schiena era sparito, era stato guarito, miracolosamente. Era davvero sorpreso. La conseguenza dello strano sogno fu che il pastore dichiarò: «È la volontà perfetta di Dio che questo incontro si faccia. Il reverendo Lee non è una persona comune. Egli è il servo attraverso il quale Dio opera.»

Grazie alla sua influenza molti altri pastori parteciparono facendo dell'evento di risveglio un vero e proprio successo.

L'incontro si svolse come previsto nella bella chiesa di questo pastore, un edificio meraviglioso in legno di cedro. Quando mi incontrò rimase molto sorpreso nel vedermi perché ero esattamente come la persona che aveva visto nel suo sogno. Ricevemmo una calorosa accoglienza.

Quel giorno, ho portato un messaggio dal titolo: «Siamo uno nel Signore,» esortando la chiesa a superare anche le barriere razziali con l'aiuto di Dio. All'interno della comunità persistevano forti conflitti tra coreani e afro-americani che potevano essere risolti solo con un intervento del Signore.

Queste azioni e i messaggi che ho lasciato hanno davvero contribuito allo sviluppo locale e alla diminuzione della tensione razziale nello stato del Maryland, tanto che il governatore dello Stato mi ha offerto una targa di apprezzamento e il sindaco di Baltimora, la cittadinanza onoraria della città. Ogni cosa è stata possibile solo per la grazia di Dio.

I pastori argentini assetati delle cose spirituali

Nel 1996, dal 21 al 23 luglio, ho portato delle predicazioni dal titolo «Il segreto della crescita della Chiesa» ad una conferenza di pastori seguita da incontri di risveglio per i coreani

Conferenza dei Pastori in Argentina (1996)

Dedicazione della Chiesa alla presenza del sindaco Barella

Crociata in Argentina

di Buenos Aires. L'evento era stato organizzato e sostenuto da molte organizzazioni cristiane in Argentina.

Più di un migliaio di pastori hanno partecipato, molti di loro sono rimasti toccati da Dio, tanto che su loro richiesta l'anno successivo abbiamo svolto nuovamente riunioni di risveglio e incontri per i pastori.

La seconda conferenza si è tenuta a Matansa, presso l'Università di Buenos Aires, dal 15 al 16 ottobre. Gli organizzatori avevano previsto una partecipazione di circa 300 pastori, ma in realtà, oltre mille tra leader e pastori si sono iscritti, tanto che abbiamo dovuto spostare il luogo degli incontri e scegliere una chiesa più grande.

Il desiderio e la sete dei pastori erano così grandi che ogni giorno tutti hanno saltato il pranzo e le riunioni si sono svolte dalla mattina presto fino alle tre di pomeriggio. I pastori non mi avrebbero lasciato andare via senza avermi prima «estorto» la promessa di un'altra conferenza. Agli incontri di risveglio serale hanno partecipato un totale di 8.000 persone.

Anche l'ambasciatore coreano in Argentina è venuto a visitarci e ha rilasciato la seguente dichiarazione: «Ringrazio il Reverendo Lee per aver portato qui in Argentina la fede fervente delle chiese coreane.» Non solo, ha più volte dichiarato che queste riunioni di risveglio hanno offerto un contributo diplomatico notevole per la società civile.

Molte persone sono state guarite dal fuoco dello Spirito Santo. Ciò è particolarmente vero per il pastore Eduador Lecio, il presidente dall'Associazione delle Chiese Cristiane d'Argentina. Ha ricevuto la guarigione dal cancro alla pelle e da alcuni problemi cronici allo stomaco. Per ogni cosa Dio è stato glorificato.

Dalla disperazione alla speranza

Tutti hanno alti e bassi nella vita, certo, ma scoprire troppo tardi di avere una malattia incurabile può facilmente portare alla disperazione. Dio non spezzerà la canna piegata e non spegnerà mai il lucignolo fumante, perché, nel suo amore, Egli manifesta sempre dei miracoli a coloro che camminano in fede.

Un nodulo di tre chili sparisce

Qualche tempo dopo che la diaconessa Soonshim Kang iniziò a frequentare la chiesa Manmin di Yeous, era il giugno del 1997, un mattino sentì che il suo basso ventre era pesante, camminare difficile e il fiato le mancava. Toccando scoprì di avere una massa nodosa delle dimensioni di uno uovo.

Il 14 giugno, dopo una visita presso l'ospedale di Jeonnam, le fu diagnosticato un nodulo tumorale di oltre 3 kg, un mioma uterino. In sintesi, lo stadio finale del cancro all'utero. I medici le spiegarono che anche se l'avessero rimosso, il nodulo purtroppo si era già espanso con oltre dieci piccole radici intorno alla massa principale. Era quindi un tumore incurabile allo stadio terminale. Poteva camminare solo se aiutata da qualcuno, quando si sdraiava lo stomaco le esplodeva espandendosi. Decise che, piuttosto di sottoporsi a un'operazione senza speranza, avrebbe invocato Dio di mostrarle misericordia. Chiamò la chiesa e pregò al telefono con la segreteria telefonica dedicata ai malati. La diaconessa aveva visto con suoi occhi e ascoltato con le sue orecchie tante testimonianze delle opere di Dio presso la chiesa Manmin di Yeosu. Aveva quindi la fede necessaria e credeva fermamente che poteva essere guarita se avesse invocato Dio.

Due anni prima, nel maggio 1995, la diaconessa Soonshim Kang aveva evangelizzato sua zia, Eumjeon Kim, portandola a una riunione di risveglio. Questa signora anziana soffriva di importanti problemi alla schiena, tanto che era costretta a stare piegata a 90 gradi, ed erano ormai decenni che non camminava in posizione eretta.

Sebbene non esistesse alcuna soluzione per la sua patologia, immediatamente dopo aver ricevuto la preghiera, si raddrizzò, e da allora Eumjeon Kim cammina normalmente stando ben dritta.

Il 25 giugno 1997, la diaconessa Kang venne a sapere che io avrei condotto delle riunioni di risveglio in occasione del nuovo santuario della chiesa Manmin di Ulsan. Decise che avrebbe partecipato. La sua fede era salda e lei era convinta che sarebbe stata guarita se io avessi pregato per lei. E infatti, Dio la guarì, proprio come aveva creduto.

Quando pregai per lei, fu investita dal fuoco dello Spirito

Santo e in un attimo il grande nodulo sparì, insieme a tutti i sintomi connessi al male che la stava uccidendo. Il mese successivo si recò in ospedale per una visita, lasciando tutti i medici molto sorpresi.

«Quando ha avuto l'intervento chirurgico? Come hanno rimosso il tumore?»

«Non ho avuto un intervento chirurgico. Sono stata guarita ricevendo la preghiera di un pastore. Dio mi ha guarito!»

Nel giro di poco tempo ha recuperato completamente la salute, e ora vive la sua vita dedicandosi interamente all'opera del Signore.

Guarigione dopo un avvelenamento

Era il giorno dell'inaugurazione del nuovo santuario della chiesa Manmin di Ulsa. Notammo una donna in abiti da paziente d'ospedale. Era Okja Kim, ed aveva una storia da raccontare.

Si era sposata all'età di 18 anni e per vivere lei e suo marito gestivano una fattoria. Poco dopo il matrimonio ebbe un'incidente che le causò una sterilità permanente. Non poteva avere figli e a causa di ciò soffriva molto.

A motivo dei molti problemi legati alla sua famiglia di origine, e dopo un forte litigio, il 17 giugno 1997, con grande sorpresa dei suoi familiari, Okja Kim ingoiò una bottiglia intera di un agente agrochimico, un veleno chiamato «Gramoxone.» Immediatamente la portarono in ospedale dove i medici dissero che, per questa sostanza mortale potentissima, non esistevano antidoti. Infine, diedero alla ragazza non più di quindici giorni di vita e invitarono la famiglia a preparare il funerale. Il fratello minore di Okja Kim, che frequentava la nostra chiesa, le parlò del Vangelo e le fece ascoltare le audiocassette con gli studi e gli insegnamenti del «Messaggio della Croce.» Insieme chiamarono anche il servizio di preghiera per i malati automatizzato della nostra chiesa.

Il pastore e i fratelli della Chiesa Manmin di Gwangju si presero cura di lei con amore e in breve un seme di fede fu impiantato nel suo cuore, tanto che maturò il desiderio di vivere,

Okja Kim, la donna che dopo essere stata guarita da avvelenamento ha dato alla luce il primo figlio dopo 21 anni di matrimonio

e il 25 giugno venne al servizio di inaugurazione del santuario a Ulsan. Quando pregai per lei sudava copiosamente.

Dopo la riunione di risveglio, mentre ritornava a Gwangju, per tutto il viaggio, continuò a sudare al punto che i suoi vestiti erano completamente fradici. Aveva il corpo bollente e forti dolori ovunque. Più tardi comprese che questa strana reazione era la conseguenza del veleno che stava uscendo dal suo corpo. Il fuoco dello Spirito Santo stava bruciando via tutte le sostanze tossiche! La mattina dopo ci fu il miracolo. I dolori erano scomparsi, si sentiva bene e aveva pace nel cuore. I medici che la visitarono di lì a poco rimasero molto sorpresi e la sottoposero a degli esami approfonditi. Tutte le parti del suo corpo che erano state danneggiate – l'esofago, il fegato, altri tessuti molli – adesso erano normali e non presentavano danni.

Inoltre, mentre beveva il veleno, una goccia le era caduta sull'occhio sinistro, sfigurandola gravemente. Avrebbe dovuto perdere la vista o quanto meno soffrire di gravi problemi, ma due giorni dopo la preghiera anche l'occhio era tornato normale e lei ci vedeva benissimo.

Nel novembre 1997, venne a Seoul con gli altri credenti che frequentavano la chiesa di Gwangju per partecipare alla veglia di preghiera notturna che facevamo ogni venerdì. Ricevette nuovamente preghiera. Dopo un mese, sentiva che qualcosa di strano stava accadendo al suo corpo. Andò in ospedale per farsi controllare. Scoprì che era incinta! Proprio lei che non poteva avere figli! Dopo 21 anni di matrimonio, la benedizione di Dio l'aveva guarita e stavano per avere un bimbo!

Nel corso di tutti quegli anni così sovente aveva sentito il suo cuore spezzarsi perché non poteva avere un bambino. Ma adesso Dio l'aveva toccata, e in un attimo era guarita, regalandole la possibilità di dare alla luce un figlio e vivere una vita piena e felice.

L'opera dello Spirito Santo attraverso il servizio telefonico di preghiera per i malati

L'Iddio onnipotente opera e agisce anche attraverso cose inanimate come le macchine. Il fratello Ilgon Cho aveva donato alla chiesa un sistema telefonico di risposta automatica (ARS), e noi decidemmo di utilizzarlo registrando delle preghiere di guarigione per i malati.

Dalyong Lee e suo figlio Jungtaek, rianimato dalla grazia di Dio (1996)

Jungtaek oggi è un ragazzo sano.

Quando Ilgon Cho aveva iniziato a frequentare la nostra chiesa, sua figlia era stata guarita da una timpanitide, e lui stesso da una malattia cronica della pelle. Nel corso del tempo abbiamo visto all'opera Dio e la potenza dello Spirito Santo attraverso questo servizio di preghiera telefonico.

Ciò che segue è il resoconto di quello che è accaduto nella famiglia di Dalyong Lee nel 1996. Sua sorella, Boksoon Lee, stava facendo da baby sitter alla nipotina di due mesi, Jungtaek. Non si accorse che la bimba stava giocando con un grappolo d'uva e che ingoiò un grosso chicco. Immediatamente la bimba divenne blu e perse i sensi, stava soffocando, perché l'uva le aveva bloccato le vie respiratorie. Boksoon Lee e la mamma della bimba di corsa la portarono ad un pronto soccorso non distante. L'uva si era bloccata nel polmone destro, che ora si stava riempiendo di sangue, mentre il polmone sinistro diventava ogni minuto più grande, cosa che da lì a breve sarebbe stata fatale per il cervello.

Gli occhi della bimba stavano perdendo la messa a fuoco, la retina aveva anche iniziato ad asciugarsi e nonostante la maschera d'ossigeno, non riusciva a respirare. Anche il cuore ogni tanto si fermava e dovevano praticarle la defibrillazione ogni 30 minuti perché il suo cuoricino continuasse a battere.

Quando il padre comunicò ai medici che avrebbe portato la bimba in un altro ospedale, non si mostrarono d'accordo, anche per non infliggere ulteriori difficoltà e sofferenze alla piccola.

I dottori spiegarono ai genitori che anche se fosse sopravvissuta, avrebbe sofferto di problemi mentali e paralisi perché ormai il suo cervello era già danneggiato. In qualche modo, i genitori riuscirono a portare la bimba presso il Samsung Medical Center, a condizione che l'ospedale non sarebbe stato responsabile della sua vita. A causa della disidratazione in corso, era necessario somministrare una flebo ma non riuscirono a trovare una vena. La bimba era davvero troppo giovane per un intervento chirurgico, e c'erano pochissime possibilità di sopravvivenza.

Al momento dell'incidente, Dalyong Lee e sua moglie non erano credenti, ma su suggerimento di Boksoon Lee, la sorella del padre della bimba, decisero di chiamare il servizio telefonico automatico di preghiera per i malati. Boksoon Lee dal canto suo pregò e digiunò per tre giorni consecutivi, invocando Dio di guarire la nipotina. Anche i genitori, oltre a pregare ogni giorno al telefono, digiunarono per 3 giorni consecutivi. Il quarto giorno la bambina parve stare un pochino meglio.

Dopo alcuni giorni, la piccola fu trasferita dalla terapia intensiva al reparto pediatria. Entro una settimana, la piccola stava bene e il chicco d'uva che si era incastrato nei suoi polmoni non c'era più. Dio lo aveva bruciato via con il fuoco dello Spirito Santo. Tutti i medici erano perplessi.

Attraverso quanto accaduto, Dalyong Lee e sua moglie credettero nell'amore potente di Dio, accettarono il Signore e divennero dei cristiani. Jungtaek cresce ogni giorno in amore e bontà ed è ben inserita sia in scuola sia in chiesa.

Attraverso il Satellite

I servizi della nostra chiesa vengono trasmessi via satellite in tutta la Corea. È attraverso questo servizio televisivo satellitare che le opere dello Spirito Santo si sono sviluppate all'interno delle nostre chiese affiliate. Nel luglio 1998, Eunkyeong Shin fu guarita dalle sua infermità il primo giorno che si recò presso la chiesa Manmin di Masan.

Il motivo per cui quella domenica Eunkyeong andò in chiesa

fu perché sua madre le disse: «Eunkyeong, io frequento i servizi di culto della chiesa Manmin di Masan, mi trovo bene e ho molta pace. Perché non vieni con me?»

Eunkyeong in quel momento frequentava la terza media e le era sembrato qualcosa di strano che proprio sua madre le chiedesse di accompagnarla in chiesa. Probabilmente a causa della scuola, Eunkyeong soffriva di nevrosi, astenia, inappetenza, gastrite e mal di testa. Studiare le veniva molto difficile.

Quando era in quarta elementare aveva improvvisamente iniziato a soffrire di difficoltà respiratorie tanto che finì in ospedale. Una volta alle medie aveva sviluppato l'herpes zoster e il suo corpo si era ricoperto di bollicine pruriginose. Inoltre, non riusciva a prendere sonno a causa dei forti mal di testa. A volte aveva come l'impressione che potesse esploderle il cranio.

Era così magra, così pelle e ossa che doveva prendere medicine per sostenersi, con scarso successo oltretutto. La sua famiglia soffriva molto per la sua condizione. Quando era piccola aveva frequentato la chiesa ma non aveva mai sviluppato una vera fede. Sentiva di aver perso ogni speranza, soprattutto a motivo dei tanti dolori che l'affliggevano.

Il 12 luglio 1998, una domenica, partecipò al servizio di culto presso la chiesa Manmin di Masan. Dopo il messaggio, durante la preghiera per i malati, posò le sue mani sulle parti del suo corpo malate e pregò. In quel momento, Dio la guarì di tutte le sue malattie con il Fuoco dello Spirito Santo.

Tutti i dolori sparirono, subito! Da allora non ha più preso medicine, vive una vita sana e oggi canta nella nostra chiesa come solista.

Predicazioni sulla Decima prima dell'FMI

Il 2 novembre 1997, durante il servizio domenicale della mattina, annunciai che la chiesa metteva a disposizione di chiunque avesse voluto utilizzarle, delle tessere di abbonamento per il servizio di trasporto pubblico. Andavano solo ritirate in segreteria. Chiunque poteva usarle per venire in chiesa.

A quel tempo quasi nessuno in Corea conosceva il significato dell'acronimo FMI, «Fondo Monetario Internazionale.» In realtà non lo conoscevo neppure io, ma proprio perché Dio mi faceva sapere in anticipo che l'economia coreana stava per entrare in crisi, avevamo avuto il tempo di preparare gli abbonamenti degli autobus da distribuire a quei credenti che si trovavano in difficoltà finanziarie.

Non passò neanche un mese che la stampa iniziò a parlare dell'FMI. Il 21 novembre 1997, il paese era ufficialmente in crisi finanziaria. Il governo chiese un prestito al Fondo Monetario Internazionale e l'economia coreana andò in subbuglio. Molte aziende fallirono, numerose persone persero il lavoro e tanti si ritrovarono a dormire per strada perché avevano perso la casa.

Anche io cercavo di stringere il mio budget. Chiesi ai miei familiari di non avere più di 3 contorni oltre il riso e di ridurre al minimo la spesa settimanale. Era ovvio che io dovevo stringere la cinta prima ancora degli altri, quasi tutti i membri della chiesa stavano attraversando un periodo finanziariamente molto difficile.

Molti mesi prima della crisi, nel dicembre 1995, Dio mi fece sapere che ci sarebbe stato una periodo economico difficile per la Corea e mi disse di fare attenzione alle spese.

Così, il 28 gennaio 1996, ho predicato «Benedizioni attraverso l'Austerità» durante il consueto servizio devozionale che tenevo per tutti i collaboratori della chiesa. Ho consigliato all'ufficio amministrativo della comunità di ridurre le spese in ogni area. Dal canto mio non ho speso nulla del mio stipendio e l'ho lasciato alla chiesa per le attività pastorali. L'ho offerto per intero a Dio, così come mi era stato dato.

Quando coloro che venivano guariti e ricevevano grazia attraverso la mia preghiera esprimevano la loro gratitudine consegnandomi delle offerte, io le ho sempre presentate a Dio per beneficenza e opere missionarie.

Dio mi ha concesso un'abbondante benedizione finanziaria, ciononostante è per me un'abitudine risparmiare ogni centesimo, in modo da poter aiutare più persone e missioni possibili.

Sebbene anche la nostra chiesa non navigasse in acque finanziarie molto floride, siamo stati in grado di aiutare altre chiese che avevano difficoltà maggiori delle nostre, soprattutto quelle delle aree rurali, indipendentemente dalla loro denominazione. La chiesa ha anche dato il suo meglio offrendo opere di carità e borse di studio in modo che nessuno dei nostri membri patisse la fame e che nessuno dei nostri studenti dovesse lasciare gli studi perché non era in grado di pagare le tasse universitarie.

Il quindicesimo Anniversario della Chiesa

Il 12 ottobre 1997, molti ospiti ci fecero visita per celebrare il quindicesimo anniversario della nostra chiesa, tra questi, l'anziano Heeho Lee, la moglie di Kim Daejoong, il presidente del partito politico di maggioranza presso il parlamento coreano, e un membro del consiglio dell'Asia-Pacific Peace Foundation.

Nel corso degli anni, abbiamo preso parte attiva in molte opere missionarie, molte chiese coreane richiedevano il nostro sostegno. Anche il nostro team artistico era molto impegnato e veniva chiamato spesso per partecipare a concerti e a coreografie musicali. Il 5 febbraio 1998 fui invitato come oratore principale presso Osan-ri, una montagna di preghiera. Il 19 maggio ho preso parte alla manifestazione della commissione «No violenza nelle Scuole» in qualità di presidente del comitato evangelistico.

L'orchestra della nostra chiesa, la «Nissi Orchestra» stava diventando famosa tra le comunità cristiane e suonavano a molti eventi.

Elder Heeho Lee, ex First Lady della Corea, nel 15° Anniversario della Chiesa

Alcuni di questi eventi avevano scopi nobili e si sono tenuti in stadi, come il «Concerto di beneficenza per i bisognosi,» il «Concerto di Lode della XV Festa di Pasqua,» il «Festival della Musica» organizzato dalla CBS (Christian Broadcasting System), il 40esimo anniversario della CBS, come in molte altre occasioni in tutto il paese.

I miei sermoni sono stati trasmessi per 980 minuti a settimana sul canale televisivo FEBC (Far East Broadcasting Center) e su quello della CBS (Christian Broadcasting System), oltre che in altri paesi tra cui Stati Uniti, Russia, Canada e Australia.

Movimento "No Violenza a Scuola"

Servizio di Inaugurazione durante la Coppa del Mondo del 2002

Esibizioni della Orchestra Nissi durante varie manifestazioni cristiane

Nell'agosto del 1998 abbiamo trasmesso per la prima volta anche live su Internet, direttamente dalla nostra chiesa centrale. Grazie a queste trasmissioni, molte opere di guarigione hanno avuto luogo. Dal dicembre 1996 presso le nostre chiese affiliate abbiamo avviato una serie di trasmissioni satellitari simultanee.

Dio vuole il Grano

Allargare il nostro campo di missione è sicuramente importante, ma il nucleo del ministero pastorale è quello di rendere i credenti come il grano, come in Matteo 3:12. *«Egli ha il suo ventilabro in mano, ripulirà interamente la sua aia e raccoglierà il suo grano nel granaio, ma brucerà la pula con fuoco inestinguibile.»*

Dio vuole che i suoi figli siano vero grano, ed è il motivo per cui ha condotto questa coltura umana fino ad oggi. I cristiani dovrebbero essere in grado di discernere se sono il vero grano che Dio ama e se vivono secondo la Sua parola, o se sono la paglia, che ama il mondo e si compromette con il mondo, con la concupiscenza della carne e degli occhi, con la superbia e i vanagloriosi.

Il grano si guadagna la vita eterna e andrà in paradiso, la paglia cadrà nel fuoco dell'inferno e soffrirà per sempre. In paradiso avremo anche dimore e gloria diverse, secondo la nostra fede e le nostre opere. Questo è ben spiegato in molti passaggi biblici.

L'apostolo Paolo ai Corinzi, prima lettera capitolo 15, quando parla riguardo la risurrezione dice: «*Altro è lo splendore del sole, altro lo splendore della luna, e altro lo splendore delle stelle; perché un astro è differente dall'altro in splendore.*» Secondo quello che abbiamo fatto sulla terra, riceveremo la gloria del sole, la gloria della luna, o la gloria delle stelle.

Amare Dio

In Giovanni 14:15 Gesù dice: «Se mi amate, osserverete i miei comandamenti.» Osservare i suoi comandamenti significa fare quello che Dio ci dice di fare e astenersi dal fare ciò che Egli ci dice di non fare, gettare via dalla propria vita ciò che Egli ci chiede di eliminare.

Proverbi 8:13 dice che il timore di Dio è non praticare il male, e in 1 Tessalonicesi 5:22 si legge che coloro che amano veramente Dio si liberano da ogni forma di malvagità.

Se viviamo nella luce e secondo la parola di Dio, possiamo avere il cuore del Signore e diventare uomini di spirito. Inoltre, questo ci qualificherà ad entrare nella Nuova Gerusalemme, se siamo fedeli verso la casa di Dio e ci sforziamo di crescere per diventare uomini e donne di spirito.

Quando ero bambino mia madre andava al mercato a piedi, portando sempre un carico pesante sulla sua testa. Anche quando diceva di andare «vicino» percorreva non meno di 12 km, che sommati a quelli del ritorno, facevano 24 km. Quando avevo 5 o 6 anni la seguivo sempre. Andavo con lei ogni volta.

In pratica camminavamo dalla mattina presto fino a sera tardi, ma mai le avrei detto o mostrato che le mie gambe mi stavano uccidendo, perché mi piaceva stare con lei, ed era comunque meglio di restare a casa da soli. Al mercato c'erano sempre un sacco di cose interessanti da vedere, ma soprattutto, quello che catturava la mia totale attenzione ogni volta era il venditore di dolci.

Avevo l'acquolina in bocca quando vedevo queste paste gigantesche. Per merenda a noi ci davano solo patate dolci e mais ma a me proprio non bastavano. Era chiaro e lampante davanti gli occhi di mia madre il languore che provavo passando davanti a tutta quella bontà.

Quasi ogni volta la sentivo dire: «Jaerock, vuoi un dolce?» e la vedevo allungare la mano in tasca per prendere l'ultimo won rimasto.

In quel momento ogni volta io la tiravo e le dicevo: «Mamma, non lo voglio. Andiamo via, velocemente!»

Con 1 won avremmo potuto acquistare tanti dolci. Ma al pensiero di mia madre che per risparmiare anche il biglietto dell'autobus faceva tutta quella strada, mi rendevo conto che anche un solo won era molto per lei. Cosciente di questo, allora, cercavo di reprimere il mio desiderio per i dolci che vedevo.

Ho sempre fatto del mio meglio per non far nascere delle preoccupazioni nel cuore dei miei genitori e per compiacerli con le mie azioni. Da quando ho incontrato Dio, che è il Padre del mio spirito, il mio unico desiderio è quello di piacere a Lui.

Se trattengo della malvagità in me, se mi fermo sulle cose che Dio odia, quanto dolore provocherò al suo cuore? Non potevo accettare una cosa del genere. Ecco perché ho iniziato, anche con digiuni e preghiere, a liberarmi della mia malvagità.

Capitolo 2

Chi dobbiamo
ascoltare?

Dio ci ha mostrato le cose che verranno

Dal giorno del servizio di culto di Capodanno del 1998, ogni volta che predicavo piangevo. Non riuscivo a trattenermi. Dolore e lutto mi accompagnavano anche in preghiera, perché Dio mi aveva fatto sapere che la nostra chiesa avrebbe attraversato delle prove, che ci sarebbe stato qualcuno che, per motivi egoistici, mi avrebbe tradito. Il Signore, però, mi mostrò pure che attraverso queste prove (un totale di tre), avrebbe strappato via le erbacce dalle chiesa, dividendole dal grano. Ora so che quanto accadde era nella provvidenza divina, perché raggiungessimo lo scopo di compiere la missione mondiale e costruire il Grande Santuario.

In maggio 1998, immediatamente dopo le riunioni di risveglio, Dio mi diede una visione del Grande Santuario che sarebbe stato costruito verso le fine della provvidenza divina. In questa visione Egli mi mostrò anche ciò che succederà immediatamente dopo il rapimento. Ho visto il Grande Santuario pieno di persone che pregavano e adoravano. In un attimo, sul soffitto si è formata un'apertura a forma di croce e molti dei fedeli presenti sono stati rapiti nell'aria, trasformati in corpi spirituali e rivestiti di lino bianco.

Vidi anche molti credenti non essere rapiti, restare sulla terra, che, sconvolti, si disperavano. Alcuni di loro svennero, altri si buttarono a terra e sbattevano i pugni sul pavimento.

Tra coloro che non erano stati rapiti nell'aria c'erano anche pastori, leader e collaboratori della chiesa che lavoravano con me. Naturalmente sapevo perché non erano stati rapiti: pensavano di essere dei veri credenti, ma agli occhi di Dio non erano grano, ma pula.

I «rimasti sulla terra» si strappavano il cuore, si pentivano, ma ormai la porta della salvezza era già chiusa. Si sono riuniti nel Santuario per pregare e lodare Dio, ma ormai lo Spirito Santo era stato ritirato e non potevano ricevere più alcuna grazia di Lui. Il mondo era nelle mani del maligno e non avrebbero ricevuto alcun aiuto dallo Spirito Santo.

Banchetto di nozze in paradiso, tribolazione sulla terra

I credenti che sono come il grano, saranno rapiti nell'aria per incontrare il Signore e qui parteciperanno al banchetto nuziale che durerà sette anni. Sarà talmente bello da sembrare un sogno. Nel frattempo, sulla terra, ci saranno sette anni di grande tribolazione. Durante questo periodo, come raccontato in Apocalisse, scoppierà la terza guerra mondiale, le nazioni più forti useranno le loro armi di distruzione di massa e le armi nucleari. La terra si troverà ad affrontare tribolazioni che non aveva mai sperimentato prima.

Il Grande Santuario costruito dalla nostra chiesa sarà occupato dai malvagi e usato come luogo di tortura. Quelli che sopravviveranno alle calamità della terza guerra mondiale, una volta che l'Anticristo si manifesterà, non potranno vivere senza ricevere il marchio del 666, perché sarà vietato a chiunque di acquistare o di vendere senza il marchio, sulla fronte o sulla mano destra (Apocalisse 13:16-18).

Possedere il marchio 666 è come avere un biglietto di sola andata per l'inferno, e tutti quelli che sanno quanto questo sia vero, fuggiranno verso le montagne per evitare di riceverlo. Questo non basterà però, perché saranno perseguiti e catturati, e, se si rifiutano di ricevere il 666, verranno torturati.

Dio mi ha mostrato le torture e gli spaventosi attrezzi sofisticati e tecnologici che verranno utilizzati. Alcuni rinnegheranno il Signore Gesù a causa delle torture e riceveranno il marchio 666, pur sapendo che in questo modo perderanno l'unica possibilità di salvezza. Provate a immaginare di vedere i vostri cari, i vostri figli o i vostri genitori ricevere torture orribili se voi non vi fate marchiare. Questo sarà quello che succederà. Ecco perché è estremamente difficile superare questo dolore e diventare un martire. Quei pochi che riusciranno a sopportare la tortura e così a morire, saranno salvati per il fuoco.

Aggrappati a Dio con lacrime e dolore

La sorella che qui chiamerò solo «H.» era stata uno dei pastori della mia chiesa per parecchio tempo prima che ciò che sto per raccontare accadesse. Dio le aveva fatto un dono molto prezioso, motivo per cui, nel tempo, malgrado la grazia che aveva

ricevuto, divenne arrogante. Peccò molto e a motivo di ciò causò gravi difficoltà alla chiesa. Purtroppo, perseverò così tanto nel mantenere le sue motivazioni egoiste che alla fine Dio nascose il suo volto da lei.

Presa da Satana, era certa che, se fosse riuscita a distruggermi sarebbe stata in grado di controllare tutta la chiesa, motivo per cui insieme ad altre persone escogitò un piano. Decise che avrebbero diffuso delle notizie false sul mio conto e su quello della chiesa, ad un canale televisivo, dopodiché lasciò la chiesa.

Nella mia visione dei sette anni di grande tribolazione, vidi proprio lei mentre veniva torturata. Queste immagini, unitamente al fatto di conoscere tanti tra coloro che non erano stati rapiti nell'aria ma lasciati sulla terra, mi erano così emotivamente shoccanti, che vissi giorni e giorni di vero lutto.

Pregai: «Padre, Dio, nessuno dovrebbe rimanere sulla terra al tuo ritorno, soprattutto quelli che insegnano agli altri, i pastori, i leader e i lavoratori della chiesa, nessuno di loro dovrebbero rimanere sulla terra e vivere i sette anni di grande tribolazione. Ti prego, portali a pentimento e concedi loro di ricevere la salvezza, adesso!»

Dopo la visione, mi recai presso la montagna di preghiera per pregare e chiedere a Dio in lacrime di non abbandonare tutti quelli che avevo visto. Non sono mai stato un tipo dalla lacrima facile, ma ogni volta che mi tornano alla mente queste immagini, piango.

Il Regno spirituale aperto

Le consuete due settimane di risveglio annuali, nel 1998 si svolsero dal 4 al 14 maggio. Il tema era «Dio è Luce.» Chiesi ai membri della chiesa di prepararsi a questi giorni con digiuno e preghiera. Alla fine delle 2 settimane, a molti di loro si erano aperti gli occhi spirituali ed erano ripieni di grazia divina.

Se amiamo Dio, preghiamo continuamente, perché amiamo sentire la sua voce e desideriamo vedere il regno spirituale. Esattamente come vogliamo incontrare e parlare con i nostri cari tutti i giorni, se amiamo Dio Padre, avremo sempre voglia di stare con Lui e di ascoltare la Sua voce.

Dio vide tutti questi fratelli e sorelle della nostra chiesa sforzarsi di vivere secondo la parola e nella luce, per cui riversò su di loro la sua grazia; molti videro il regno spirituale, tanti sperimentarono in prima persona l'opera di Dio. In Giacomo 1:17 leggiamo: «*Ogni cosa buona e ogni dono perfetto vengono dall'alto e discendono dal Padre degli astri luminosi presso il quale non c'è variazione né ombra di mutamento.»*

In Atti capitolo 3, Pietro guarisce uno zoppo che torna immediatamente a camminare. Quando Pietro e Giovanni predicarono la risurrezione del Maestro, 5.000 uomini accettarono il Signore Gesù in un solo giorno. I leader religiosi di allora, gli anziani e gli scribi, quelli a cui la notizia della risurrezione proprio non piaceva, minacciarono gli apostoli, cercando di fermare la diffusione del vangelo in ogni modo. Atti 4:18-20 dice: «E, avendoli chiamati, imposero loro di non parlare né insegnare affatto nel nome di Gesù. Ma Pietro e Giovanni risposero loro: 'Giudicate voi se è giusto, davanti a Dio, ubbidire a voi anziché a Dio. Quanto a noi, non possiamo non parlare delle cose che abbiamo viste e udite'.»

Se gli apostoli avessero avuto paura di predicare il Vangelo a motivo delle persecuzioni e delle sofferenze a cui andavano incontro, il cristianesimo non si sarebbe diffuso, invece, grazie allo sforzo degli apostoli che amavano Dio con passione e non avevano paura della morte, è giunto fino a noi, oggi.

Non potevamo negare ciò che avevamo visto e sentito

Quelli i cui occhi spirituali erano stati aperti vedevano il Signore, i profeti e gli angeli. Sentivano anche voci spirituali, e, pieni della grazia di Dio, raccontavano agli altri ciò che avevano visto. Qualsiasi evento se raccontato, soprattutto se arriva da una persona all'altra attraverso il passaparola, subisce dei piccoli cambiamenti e delle piccole omissioni.

Parlare di ciò che si era visto andava più che bene, ma alcuni non essendo in grado di discernere cosa dire e cosa non dire, aggiungevano i propri pensieri e i propri commenti, e questo tendeva a causare problemi. Ciononostante, io no potevo fermarli dal raccontare le loro visioni spirituali solo a motivo degli effetti collaterali che alcuni racconti potevano causare. Dovevo ascoltarli e lasciarli raccontare, perché questo avrebbe aumentato la loro speranza del cielo, facendoli avanzare verso un livello spirituale più profondo, verso l'obiettivo finale della Nuova Gerusalemme.

Nel giugno del 1998, dissi ai responsabili della mia chiesa quanto segue: «So già che verrò condannato come eretico perché molti credenti della mia chiesa hanno visioni e vedono il mondo spirituale. A motivo di ciò, sappiate che stiamo per affrontare una grande prova. Siccome è la volontà di Dio che il mondo spirituale sia visto, non ho altra scelta che lasciare le cose come stanno.»

Sapevo che da lì a breve tutto questo avrebbe portato una grande ondata su di noi, ma cosciente del fatto che era stato Dio ad aver aperto i loro occhi spirituali, per mostrare loro le cose spirituali, non avrei mai osato fermare quanto stava accadendo.

Quanto più sappiamo del regno spirituale, tanto più desideriamo il regno celeste e più velocemente saremo in grado di liberarci dalle tenebre del mondo, avremo maggiore speranza per il regno dei cieli, la nostra fede spirituale crescerà e il nostro obiettivo sarà la Nuova Gerusalemme.

Il diavolo, il nemico, è sempre stato alla ricerca del Messia, anche prima che Gesù nascesse. Appena seppe della nascita di Gesù, cercò di ucciderlo attraverso Erode. Fu lui che, durante il ministero pubblico del Signore, quando momento arrivò, incitò i malvagi a chiedere che fosse crocifisso.

Il regno di Dio si compie attraverso una guerra spirituale

che i pastori e i leader devono combattere. Se non conosciamo questi territori di battaglia – il mondo spirituale – non potremo esercitare alcun controllo sul nemico, sul diavolo, vale a dire, su Satana.

In Atti 16:16-18 leggiamo il racconto di una serva – un'indovina posseduta dal demonio – che per molti giorni seguì l'apostolo Paolo causandogli non poche difficoltà. Ciononostante l'apostolo non cacciò il demone.

Avrebbe potuto ordinare al demone di uscire da quella donna nel nome di Gesù e lui gli avrebbe immediatamente ubbidito. Perché non lo fece? L'apostolo attese perché sapeva che non doveva farlo.

Paolo era cosciente, infatti, che se avesse scacciato il demonio da questa donna, gli uomini che guadagnavano attraverso le sue predizioni avrebbero perso la gallina dalle uova d'oro e lo avrebbero perseguitato. A un certo punto però, non ne poteva proprio più e scacciò il demone dalla povera donna. Cosa successe dopo? Fu portato davanti alla folla, spogliato, picchiato a sangue e poi gettato in prigione.

La Bibbia ci aiuta a scoprire il regno spirituale. Sappiate che il diavolo odia quando le persone vengono a conoscenza del mondo dello spirito, perché maggiore questa conoscenza, maggiore la predicazione e la diffusione del Vangelo. In 2 Re 6:17 si legge: «*Ed Eliseo pregò e disse: 'SIGNORE, ti prego, aprigli gli occhi, perché veda!' E il SIGNORE aprì gli occhi del servo, che vide a un tratto il monte pieno di cavalli e di carri di fuoco intorno a Eliseo.*»

Eliseo vide i cavalli e il carro di fuoco tutto intorno alla montagna con i suoi occhi spirituali. Dopo che Stefano ebbe predicato, mentre era pieno di Spirito disse: *«Ecco, io vedo i cieli aperti, e il Figlio dell'uomo in piedi alla destra di Dio»* (Atti 7:56). Dopodiché i malvagi gridarono a gran voce, e si coprirono le orecchie per non ascoltarlo, correndo verso di lui con l'intento che conosciamo. In Atti capitolo 7, quando Stefano predicava il vangelo invitando il popolo a pentirsi dei propri peccati, i malvagi «...udendo queste cose, fremevano di rabbia in cuor loro e digrignavano i denti contro di lui.» (Atti 7:54).

Eppure, se Stefano non avesse detto di vedere i cieli aperti e Gesù alla destra del Padre, loro non lo avrebbero lapidato a morte. Lo odiavano perché vedeva cose che loro non riuscivano a vedere.

Spesso sento dire cose come: «Angeli? Sono un'illusione! Vi sbagliate. È tutta una bufala!»

Apparizione di immagini sulle colonne del Santuario

Il 21 giugno 1998, dopo il servizio serale, tutti siamo stati testimoni di una cosa particolare: abbiamo visto 4 immagini apparire su ogni pilastro dell'altare nel santuario principale della chiesa. Credo che Dio fosse compiaciuto che dopo il servizio mi stavo recando sulla montagna di preghiera. Le immagini, che erano ben impresse su tutte e quattro le colonne, erano chiare e molti le hanno potute vedere: in una c'era la figura di Gesù trafitto nel costato alla croce, le altre erano di Paolo, Giovanni e Pietro. La notizia si diffuse e in pochi giorni più di 7.000 persone hanno visitato la nostra chiesa per vedere quanto stava accadendo.

L'immagine di Giovanni rappresentava l'apostolo nell'isola di Patmos, con la fronte gonfia da quanto aveva battuto la testa

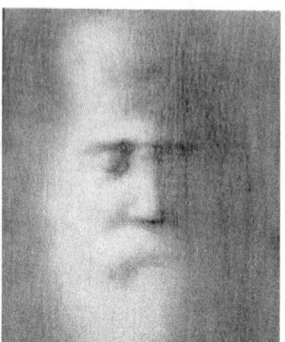

Giovanni Apostolo

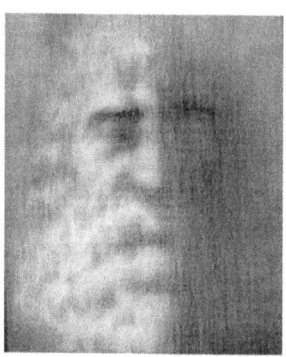

Pietro Apostolo

Gesù sulla croce

Le immagini apparse sulle colonne sono state disegnate su carta da un pittore contro la parete rocciosa durante l'intensa preghiera. Pietro aveva una folta barba.

Potevamo vedere Gesù sanguinante, le spine che gli trafiggevano la testa e la lancia nel costato. La commozione fu grande! Queste immagini rimasero per molti giorni, anche di notte. Sono state fotografate e riprese da telecamere. Un diacono, che è un pittore, ne ha riprodotto un dipinto.

Dio ha mostrato la luce del corpo spirituale

Gli uomini possiedono il corpo, certo, ma la loro vera entità è lo spirito. Quando Dio, che è spirito, creò l'uomo, respirò nelle sue narici un alito di vita e questo fece dell'essere umano uno spirito vivente (Genesi 2:7). Alla fine della nostra vita qui sulla terra, continueremo a vivere come corpi spirituali. Nella misura in cui siamo simili al Cuore di Gesù e avremo recuperato l'immagine di Dio, il nostro corpo spirituale splenderà di luce più o meno intensa.

Quando Mosè scese dal monte Sinai con i Dieci Comandamenti, il suo volto brillava così intensamente che le persone avevano persino paura di stargli vicino. Mosè non lo sapeva, lo scoprì solo quando scese dal monte e il popolo si spaventava di lui. Dopodiché si coprì il volto con un velo. (Esodo 34: 29-33).

Quanto sto per raccontare si è verificato il 25 luglio 1998, durante la seconda sessione della veglia notturna di preghiera del venerdì. Il nostro Dio d'amore desidera che i credenti ripongano maggiore speranza nel regno dei cieli, e per questo ha mostrato com'è la luce emanata dal corpo spirituale, non solo a coloro i cui occhi spirituali erano aperti, ma a tutti i presenti.

Verso la fine della veglia di preghiera, una luce cominciò a espandersi dal mio corpo verso tutta la sala tanto che la band sul palco non era quasi più visibile. Il cerchietto di fiori indossato dalla cantante che guidava l'adorazione sembrava fosse una coroncina.

Mi sono mosso verso il centro del palco, i miei vestiti brillavano a tal punto che pareva indossassi una tunica bianca. Io stesso sembravo molto più alto.

Tutto veniva ripreso dalle telecamere e trasmesso sui grandi schermi che sono in chiesa, così che proprio tutti i presenti videro quello che stava accadendo. Questa luce coprì l'intera superficie della chiesa e le persone sedute nelle prime file videro cose incredibili e sperimentarono guarigioni.

Una di loro era Kyeong-ok Kim, una donna coinvolta in un incidente stradale nell'ottobre del 1996, a cui era stata diagnosticata una disabilità molto grave a entrambe le gambe. Riusciva a malapena a camminare, anche con le stampelle. Aveva iniziato a frequentare la chiesa proprio poco tempo prima dell'incidente.

Quel venerdì anche lei aveva visto la luce, e in un primo momento si era detta che vedeva solo uno strano riflesso che proveniva da qualche faro dell'impianto luce. Ma, guardando con attenzione, si era accorta che tutti quelli che camminavano verso questa fonte di luce era come se scomparissero, io sembravo molto più alto e invece che avere addosso il mio vestito pareva che indossassi una tunica di lino bianco.

Kyeong-ok Kim comprese che tutto ciò non poteva essere né un caso né un qualche tipo di riflesso artificiale, ma l'opera di Dio. Tanta era la luce che iniziò a lacrimare, le facevano male gli occhi, pensò che potesse perdere la vista.

Solo alla fine del servizio si rese conto che stava in piedi e camminava senza alcun aiuto! Le era stato detto che avrebbe vissuto da disabile il resto della vita, ma per grazia di Dio, era stata completamente guarita!

Quello che ho appena raccontato è qualcosa di spirituale, la scienza non può spiegarlo, ma un canale televisivo speculò sull'accaduto tanto fino a dire che in qualche modo tutta questa storia era stata fabbricata ad arte.

La protezione divina sui fratelli e sulle sorelle della nostra chiesa

L'Iddio d'amore ha sempre protetto i membri della nostra chiesa, non solo della Manmin Central che si trova a Seul, ma anche di tutte le altre chiese affiliate del paese.

Il 15 marzo 1998, dei fratelli della chiesa Manmin di Daegu si stavano recando con un furgone al servizio d'anniversario di un'altra chiesa sorella a Masan. Guidavano a 120 chilometri all'ora, quando ad un certo punto la ruota posteriore destra scoppiò e il mezzo si ribaltò in autostrada più volte finendo sullo spartitraffico centrale. C'erano dodici adulti e cinque bambini nel furgone. Il veicolo andò distrutto.

L'incidente fu spettacolarmente tragico, e, considerate le condizioni del furgone, i passeggeri avrebbero dovuto morire tutti, ma Dio li protese, tutti e diciassette. Una di loro era incinta, e fu proprio quella che non presentava neanche un singolo graffio. Disse che immediatamente dopo lo scoppio fu scaraventata fuori dal finestrino e, atterrando sull'asfalto, sentì che un angelo aveva coperto il suo corpo.

Il furgone dopo l'incidente

Sunhee Lee, un'altra sorella tra i passeggeri, si ferì gravemente alla spina dorsale e alle vertebre cervicali. Arrivò l'ambulanza e i paramedici stavano per portarla in ospedale, ma sia lei che la sua famiglia non vollero andare al pronto soccorso, chiesero, invece, di essere accompagnati in chiesa, presso la chiesa Manmin di Masan.

Avevamo appena finito il servizio e qualcuno venne a riportarmi questa notizia. Sunhee Lee fu accompagnata in chiesa come aveva richiesto e condotta in una delle stanze. Stava lì, sdraiata. Pregai per lei, pregai sul suo collo e sulla sua schiena.

Finii di pregare, e lei, che si sentiva rinvigorita, si alzò e iniziò

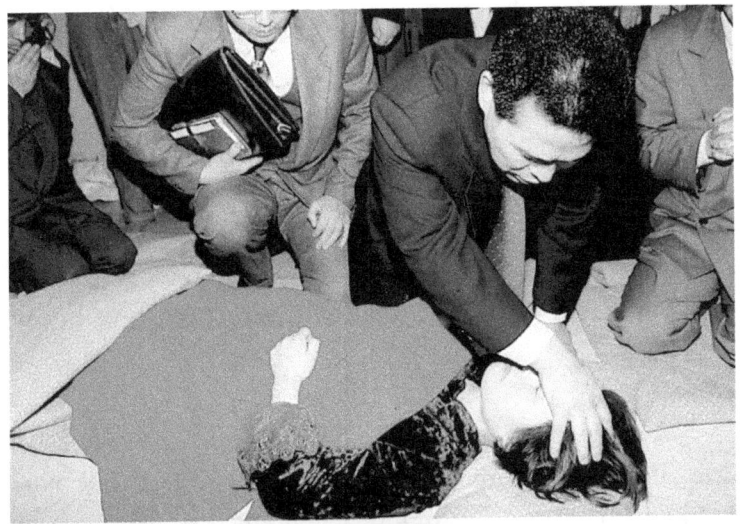

Sunhee Lee guarito dalla
preghiera dopo l'incidente

immediatamente a camminare! In seguito mi riferì che durante la preghiera sentiva qualcosa di molto caldo, quasi come del fuoco, su tutte le parti ferite del suo corpo. Non solo, ci disse di essere guarita anche da un altro disturbo alla schiena che l'affliggeva da due anni.

15 metri di caduta libera sostenuto da una mano invisibile

Nel 1998, il diacono Joong-Ik Chun faceva parte delle Forze Speciali Antiterrorismo della polizia di Seoul. Il 23 dicembre vi fu una manifestazione di monaci buddisti che, per protesta, occuparono illegalmente la sede di un'altra corrente buddista, il tempio di Cho Gye Jong. La squadra che il diacono Joong-Ik Chun dirigeva fu inviata proprio al tempio.

Con l'autoscala aerea cercarono di prendere l'edificio dall'alto, ma ad un certo punto, proprio quando stavano per arrivare sul tetto, a 15 metri d'altezza, il supporto improvvisamente si ruppe, il camion si rovesciò e i cinque i poliziotti delle forze speciali caddero giù all'istante.

La notizia fu riportata da tutta la stampa coreana e finì come notizia principale nei telegiornali. Nel momento in cui il diacono Joong-Ik Chun stava cadendo, invece di pensare che poteva ferirsi gravemente e morire, ebbe fede di credere che Dio lo avrebbe protetto.

Se fosse atterrato sulle gambe, di certo la spina dorsale si sarebbe spezzata o schiacciata, e, qualora fosse rimasto vivo, sicuramente sarebbe rimasto invalido. Joong-Ik Chun finì la caduta atterrando con la testa, sul casco, facendo un rumore

La foto della caduta apparse su un giornale
(nel cerchio Joong-Ik Chun)

Joong-Ik Chun in servizio presso la polizia

fragoroso.

Raccontò che una grossa mano aveva sostenuto il suo corpo e che, infine, aveva avuto la sensazione di essere caduto non sull'asfalto ma su un bel materasso di cotone morbido.

In un primo momento, era un po' confuso a causa dello shock, si guardò intorno, vide i suoi 4 compagni a terra inermi e il tempio Cho Gye Sa completamente in fiamme.

Gli altri quattro poliziotti erano gravemente feriti, e, purtroppo rimasero tutti invalidi a vita, cosa che non successe al diacono Joong-Ik Chun, che, al contrario, non riportò alcun infortunio.

Quando arrivarono i soccorsi e fu caricato sull'ambulanza verso l'ospedale, i soccorritori e i medici continuavano a chiedergli se fosse sicuro di essere tra quelli che erano caduti dal 5° piano!

Pregare con le lacrime per quelli che hanno tradito e causato danni

Era capitato più di una volta che alcuni miei collaboratori o dei pastori della mia chiesa mi imbrogliassero o disobbedissero esplicitamente a qualcosa che io avevo detto. Non avevo e non ho mai punito nessuno. Ho sempre e solo perdonato tutti, pregando e sperando che cambiassero rotta.

Ad esempio, nel 1987, un pastore venne da me dicendomi di voler collaborare con la nostra chiesa e che sentiva in cuore di voler aprire una comunità nella città di Daejeon. Gli dissi di sì e lo sostenni finanziariamente in questa sua visione. Il giorno dell'inaugurazione, alcuni collaboratori della chiesa Manmin centrale si recarono a Daejeon, ma non c'era nessuna chiesa, aveva mentito ed era fuggito con i soldi.

Dopo diversi anni questo pseudo-ministro venne di nuovo da me, si inginocchiò, si pentì e chiese perdono. Io lo perdonai e non gli chiesi nulla del passato, non volli spiegazioni, mi chiese di collaborare con noi e iniziò a lavorare nella nostra chiesa. Dopo qualche tempo mi disse, di nuovo, che desiderava aprire una chiesa a Daejeon. Così, anche allora lo sostenni finanziariamente. Questa volta la chiesa la aprì, ma forse a causa di difficoltà finanziarie personali, appena dopo l'inaugurazione andò via sparendo, senza dirmi nulla.

Gesù ammaestrò Giuda Iscariota fino alla fine

Giuda Iscariota aveva visto i prodigi e i miracoli compiuti da Gesù, opere che potevano provenire solo dalla potenza di Dio. Ciononostante, non credeva in Gesù e il suo cuore continuava a essere ricolmo di cose carnali, motivi per cui la volontà divina gli era incomprensibile e inaccettabile. Eppure, Giuda Iscariota, fu necessario nel percorso che Gesù doveva compiere per il piano della salvezza. In Giovanni 6:71 la Bibbia anticipa che Giuda avrebbe venduto e tradito Gesù.

«*Ma tra di voi ci sono alcuni che non credono. Gesù sapeva infatti fin dal principio chi erano quelli che non credevano, e chi era colui che lo avrebbe tradito.*» (Giovanni 6:64).

Gesù disse quanto appena letto per consentire a Giuda di comprendere e pentirsi, sebbene i discepoli non comprendevano ciò che Gesù voleva dire. Sapendo che Giuda lo avrebbe tradito, Gesù lo abbracciò con amore fino alla fine, non lo condannò mai di fronte agli altri discepoli e non lo abbandonò mai.

Anche coloro che lo avrebbero tradito

In linea generale, mi fido di tutti, non creo distanze tra me e gli altri, e soprattutto, a prescindere dalle intenzioni o dai sentimenti, spero sempre che il cuore di chiunque incontro sia pieno di bontà. Non ho mai pensato nella mia vita di tenere le distanze da qualcuno a motivo delle sue intenzioni, anche se spesso ho il discernimento spirituale di vedere chiaramente i pensieri di tradimento di alcune persone.

Quando questo succede, voglio credere che in futuro quella persona possa cambiare, che la condizione attuale è solo momentanea. Questo è anche stato il modo più efficace attraverso il quale i miei collaboratori sono cresciuti fino a diventare pastori e lavoratori al servizio di Dio.

Nonostante la fiducia che avevo riposto in loro, alcuni mi hanno attaccato ferocemente e hanno lasciato la chiesa. Ho pianto tanto a causa del dolore che mi hanno procurato, e per questo ho perso molto peso e molte energie.

Nel 1991, un pastore mi chiese di farsi carico, da volontario, del nostro ministerio 'Luce e Sale', un gruppo di missione che evangelizza persone in ambito business. Dio mi rivelò che questa persona avrebbe attaccato la nostra chiesa tra qualche anno, ragione per cui ho parlato con sua moglie consigliandole di pregare per lui in modo che egli nel tempo avrebbe potuto cambiare.

Cosciente di quanto sapevo, mi sono preso cura personalmente del gruppo missionario 'Sale e Luce' nel corso degli anni. Infine, nel 1997, questo pastore lasciò la chiesa portando con sé all'incirca 30 dei miei collaboratori, sostenendo che avrebbe continuato ad aiutarci da membro «esterno,» ma io sapevo che stava solo ingannando altri per portarli nella sua chiesa. Non solo, diffuse voci false sul nostro conto e fece dichiarazioni fuorvianti sulla mia persona, danneggiando e disturbando molto il nostro lavoro ministeriale.

L'inizio della prima prova

Era giugno 1998 quando Dio mi disse: *«Estirperò la gramigna dalla tua chiesa, ma ne lascerò un po.»* Mi addolorai molto. Nel mese di luglio, la prova arrivò.

Forse il mio cuore non è così forte, e anche se Dio mi ha detto di cancellare queste persone dai miei sentimenti, io non ci riesco. Continuo a perdonarli, anche si mi hanno fatto così incredibilmente male. Continuo a pregare per loro, continuo a piangere, sperando che tornino sui loro passi e si pentano.

«Padre, c'è perdono per loro? Potranno essere salvati? Ti prego, perdonali!» Per molti mesi, nel 1998, ho pregato continuamente per queste persone, con lacrime e insistenza ai piedi di Dio. Infine, ho avuto la risposta: *«Se davvero si pentiranno, io li perdonerò.»*

Dopo aver ricevuto questa risposta, ho provato a farglielo capire, consigliando loro di pentirsi. Purtroppo, nessuno mi ha ascoltato. I membri della mia chiesa non capivano perché così spesso mi vedevano pregare e piangere, perché così sovente durante la predicazione versavo tante lacrime.

Da quando abbiamo aperto la chiesa, ogni anno ho tenuto conferenze pastorali per la crescita spirituale dei pastori. Nel luglio 1998 ho preso una decisione importantissima, a una sola settimana dalla conferenza per i leader.

Mentre pregavo, di nuovo il Signore mi disse: «Mio servo, quello che tu non riesci a fare, lo farò io per te, visto che non riesci ad allontanare queste persone, lo farò io.»

A questo punto, sapevo perfettamente che Satana avrebbe incitato al male queste persone e che loro avrebbero cercato di distruggermi. Potevo solo lasciare tutto quello che stava succedendo nelle mani di Dio. Poi, pregando, vidi che molti demoni entravano in uno di loro e che un altro era stato completamente avvolto da un grosso serpente.

Alcuni fratelli della chiesa in questo periodo videro in visione Lucifero, il capo degli spiriti del male, e l'Arcangelo Michele, il capo dell'esercito celeste, che lottavano ferocemente per i traditori che si trovavano proprio tra i membri della nostra chiesa.

Tutto questo perché io non riuscivo a mandarli via dal mio cuore pregando e sperando in un loro cambiamento, in un ritorno. Poi, udii chiaramente la voce di Dio: *«Mio servo, arrenditi e rinuncia a loro. Finché li terrai nel tuo cuore l'Arcangelo Michele dovrà combattere. Devi cancellarli dal tuo cuore così che poi io potrò operare.»*

«Che sia fatta la tua volontà.»

Non ero più in grado di sopportare la situazione e smisi di pregare per queste persone, e non appena lo feci, la prova vera ebbe inizio perché si coalizzarono formando una squadra con l'obiettivo di distruggerci. Alcuni di loro avevano commesso talmente tanti peccati che Dio li aveva abbandonati.

«Allora, dopo il boccone, Satana entrò in lui. Per cui Gesù gli disse: 'Quel che fai, fallo presto.' Ma nessuno dei commensali comprese perché gli avesse detto così.» (Giovanni 13:27-28).

In luglio 1998, alcuni di quelli che avevano deciso di tradirmi, durante il servizio finale della conferenza pastorale, progettarono un piano. Uno dei pastori – una donna – mi disse che stava per andare un mese intero presso la montagna di preghiera, per pentirsi e chiedere perdono a Dio.

Questo pastore aveva ricevuto molti doni dello Spirito Santo sin dai primi momenti dell'apertura della chiesa. Devo dire che raramente la vedevo pregare, e sapevo che nel corso degli anni aveva disobbedito molto, costruendo un muro così alto tra lei e Dio che ormai tra loro non c'era più nessuna comunicazione e non manifestava più nessuna opera dello Spirito Santo.

Dio si era ripreso i doni che le aveva fatto. Era particolarmente invidiosa e gelosa dei nuovi leader dell'adorazione che stavano crescendo all'interno della chiesa, perché sentiva minacciata la sua posizione. Essendo a conoscenza di tutto, le consigliai di pentirsi davanti a Dio. «Quando andrai sul monte a pregare, pentiti completamente. Così facendo abbatterai il muro di peccato tra te e Dio.»

Mi rispose in modo inaspettato: «Ti ho osservato negli ultimi 17 anni, e non hai mai violato la verità, sei sempre stato integro. Dio ti ama immensamente.»

Non si recò mai sulla montagna per il mese di preghiera, ma iniziò da subito ad attuare il piano articolato e sferzante che aveva ideato. Ormai tutta la chiesa conosceva i suoi tanti peccati, non poteva più nascondersi e man mano che incontrava i fratelli, li invitava a lasciare la comunità.

Iniziò a far circolare molte voci false sul mio conto. Fece stampare del materiale, e lo distribuì a tante chiese, a varie associazioni cristiane, alla stampa e a molti pastori di diverse denominazioni. Non solo, pubblicò tutto su Internet.

Aveva formulato una serie di punti, centinaia, in cui mi svergognava e mi esponeva davanti a tutti dandomi dell'eretico. Non si fermò a questo. Misero insieme una documentazione e la consegnarono ai canali televisivi che trasmettevano le mie predicazioni, sperando che così avrebbero interrotto i programmi.

Il suo unico scopo e desiderio era diventato distruggermi. Voleva prendersi la chiesa, diventarne il leader assoluto. Aprì una chiesa vicino alla mia, continuò a diffondere strane storie sul di me, raggruppò dei falsi testimoni che incisero cassette sul mio conto piene di falsità e le distribuì ovunque. Il suo piano era quello di confondere i membri della nostra chiesa, per farli passare alla sua.

Era arrivato il momento di chiarire la situazione, perché sentivo che la falsità avrebbe prevalso sulla verità se non lo avessi fatto.

Quando la moglie di Potifar tentò di sedurlo, Giuseppe si rifiutò categoricamente. In Genesi 39:12 leggiamo che «...*lei lo afferrò per la veste e gli disse: 'Unisciti a me!' Ma egli le lasciò in mano la veste e fuggì.»*

La moglie di Potifar mentì dicendo che Giuseppe aveva tentato di violentarla e che nella colluttazione gli aveva strappato la tunica e poi era fuggita. Potifar si infuriò al racconto della moglie e non chiese nulla a Giuseppe, facendolo portare immediatamente nelle prigioni reali. Quando si giudica ascoltando una sola parte si corre il rischio di una sentenza sbagliata.

Giuseppe fu ingiustamente accusato e messo in carcere. Rimase zitto, non disse nulla, anche perché se avesse parlato, la famiglia del suo padrone si sarebbe sgretolata. Le tante cose brutte del carcere non intaccarono il cuore di Giuseppe.

Quando viveva e lavorava in casa di Potifar, Giuseppe apprese l'arte di gestire e amministrare. In prigione, comprese la politica. Nonostante fosse in carcere, Dio era con lui, e alla fine divenne il primo ministro d'Egitto, a dimostrazione della sua completa innocenza.

Provvidenza nelle riunioni di risveglio e guarigione

A novembre 1998 iniziò la seconda prova. Tra i pastori della nostra chiesa vi era sia grano che pula. In particolare, c'era un'intera famiglia che aveva ricevuto grazia speciale da parte di Dio.

Nel 1989, 3 componenti di questa famiglia, compresa la madre del pastore, erano sulla soglia della morte a causa di un avvelenamento da gas, e dopo aver ricevuto la mia preghiera, guarirono immediatamente e senza postumi. Questa è una famiglia numerosa e, negli anni, diversi di loro in seguito alla mia preghiera sono stati guariti da malattie incurabili.

Hanno ricevuto la grazia e l'amore di Dio in misura speciale e abbondante, ed anche per questo hanno iniziato a lavorare nella chiesa andando a ricoprire posizioni sempre più rilevanti. Purtroppo, avanzando nella posizione che ognuno di loro rivestiva, diventavano tutti sempre più arroganti. Ho dato loro molte possibilità di pentimento e conversione, fino alla fine, ma un giorno, proprio prima che rubassero dei documenti riservati della chiesa, i loro peccati furono rivelati.

Immediatamente l'intera famiglia lasciò la chiesa e aprirono una nuova comunità, proprio vicino alla mia, non perdendo occasione di diffondere notizie false, soprattutto tra i nostri fratelli e sorelle, invitandoli con insistenza a frequentare la loro chiesa.

Mentre questo accadeva, c'erano altri pastori altri e leader della mia chiesa che per soddisfare i propri desideri egoistici lasciavano la comunità. Tutti che aprivano altre chiese, e tutti che diffondevano notizie false su di me nel tentativo di portare anime dalla nostra chiesa alle loro. Tra le altre cose, l'unico terreno comune che legava questi pastori esuli era l'intento di screditarmi, perché poi, su tutto il resto, spesso litigavano e si dividevano ancora.

L'Eterno, che conosceva gli schemi di Satana, mosse il mio cuore in modo che organizzassi degli incontri speciali di risveglio focalizzati sulla guarigione. Tenemmo gli incontri la prima settimana di novembre, e, per sei sere consecutive, moltissimi malati furono guariti, finanche persone affette da paralisi infantili, altre paralizzate e sulla sedia a rotelle. Abbiamo visto tumori scomparire e tantissime anime sperimentare la presenza di Dio e miracoli nella propria vita personale.

Nel vedere materialmente i segni di cui parla la Bibbia manifestarsi ogni giorno, non potevo che rendere grazie al Signore. L'Iddio vivente ci aveva dimostrato ancora una volta che ci amava, e che era stato, era, e sarebbe stato sempre con noi. Era tutto un piano della provvidenza di Dio, per incoraggiare i membri della nostra chiesa, per tutti noi che stavamo passando

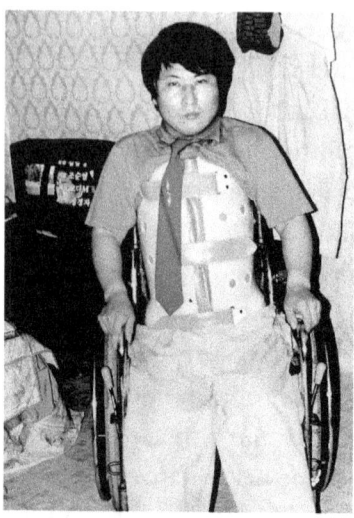
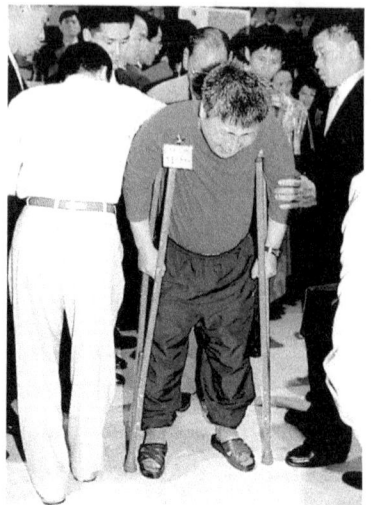

Yoonsup Kim prima della guarigione, con il tutore per la colonna vertebrale e sulla sedia a rotelle

Mentre riceve la preghiera durante la riunione di risveglio nel 1999

una prova veramente grande.

Boonneum Kim, un'anziana signora, in novembre del 1998, venne a visitare il figlio a Seoul. A causa del lavoro molto logorante di contadina che aveva svolto tutta la vita, la sua schiena era completamente piegata. Erano ormai dieci anni che si trovava in quella condizione. Era molto dispiaciuta, non solo per sé stessa, ma anche perché non poteva far fare cavalluccio sulla schiena alla sua amata nipotina.

Venne alle riunioni di guarigione su richiesta del figlio, e, dopo aver ricevuto la preghiera, la sua schiena, che era completamente piegata a 90 gradi, si raddrizzò! Diede gloria a Dio!

Guarito completamente, ora ha una famiglia felice

Prima delle riunioni di guarigione del novembre 1998, a Yoonsup Kim era stata diagnosticata una disabilità totale. Era destinato tutta la vita a muoversi con una sedia a rotelle. Era stato vittima di un incidente sul lavoro nel maggio del 1990: mentre stava facendo dei lavori elettrici a Daejeon, cadde dal quinto piano di un edificio.

Fu portato immediatamente in ospedale dove rimase in uno stato di incoscienza per circa sei mesi. Si era fratturato la quarta e la quinta vertebra toracica e anche l'undicesima e la dodicesima vertebra lombare. Non solo, aveva il fegato gravemente danneggiato. In pratica, le sue condizioni erano critiche.

Dopo molte cure e tanti trattamenti medici, nel 1993 gli fu certificata la disabilità totale. Passava ogni giorno soffrendo dolori terribili e, un giorno, uno dei suoi vicini che era stato ai nostri incontri di guarigione, lo evangelizzò.

Non poteva neanche andare in bagno da solo o sdraiarsi per dormire. Ma, dopo aver ricevuto la preghiera, si alzò dalla sedia a rotelle! Iniziò presto a camminare con il solo aiuto delle stampelle e a sdraiarsi naturalmente. L'anno successivo, il 1999, frequentò i servizi speciali delle due settimane di risveglio e il 12 maggio fu investito totalmente dal fuoco dello Spirito Santo.

Come già detto, riusciva a stare in piedi e, con non poche difficoltà, anche a camminare autonomamente con le stampelle. Come lo Spirito Santo fu su di lui, le sue gambe guarirono e fu in grado di camminare da solo. Fu un momento particolarmente toccante per tutti noi quando per la prima volta, dopo 9 anni dall'incidente che lo aveva paralizzato, lo vedemmo camminare! In seguito si è sposato ed oggi è il papà felice di una bimba.

L'addestramento divino a lavare le proprie vesti

La volontà di Dio era che sia i membri della chiesa che me superassimo questo momento difficile con bontà e amore. Un'altra delle ragioni per cui aveva permesso che queste prove arrivassero, era di darmi il potere di compiere provvidenza della missione mondiale, ma anche perché tutti i membri della chiesa lavassero la propria veste. Vale a dire, Egli voleva che i loro cuori fossero circoncisi, che si liberassero di ogni malvagità e fossero santificati.

Suggerii a tutta la chiesa di non vedere, ascoltare o parlare di qualcosa a meno che non fosse vera. Dio vuole labbra sante. Solo in questo modo non ci sarà giudizio, condanna, o calunnia, le tenebre non potranno intaccarci e il nemico non potrà causare alcun disturbo.

Satana non può accusare quei credenti che vivono nella luce. Attraverso la prova che avevamo vissuto, la chiesa ebbe la possibilità di realizzare la verità. Vi furono alcuni che perseverarono nella diffusione di calunnie, di parole di tenebre, ma furono ingannati dal maligno e finirono per lasciare la chiesa.

Nel dicembre 1998, Dio mi disse di pregare in modo che potessi ricevere da Lui il potere di resuscitare i morti, come Gesù aveva fatto con Lazzaro. Se avessi ricevuto la potenza per resuscitare i morti attraverso la preghiera nella volontà di Dio, sarei stato in grado di compiere la missione mondiale molto più rapidamente.

Ma la potenza di Dio non viene elargita facilmente. Occorre possedere una misura corrispondente di fede. Per questo, dobbiamo anche passare attraverso dure prove, perché sia formato in noi il giusto carattere, fino ad avere un altissimo livello di amore e bontà presente nel cuore.

Dio si compiace nella preghiera votiva

Nel 1998, dopo aver attraversato quelle cose scioccanti, non riuscivo più a mangiare. Pregavo, ma la mia era una preghiera di cordoglio. Persi moltissimo peso velocemente, e con i chili se ne andò anche tutta la mia usuale energia.

Come potevano quelli che avevano visto e vissuto tante opere e miracoli di Dio e ascoltato la parola di verità, in un attimo lasciarmi, andare via e diventare dei miei persecutori? Pensando alla malvagità di cui ero stato oggetto riuscivo solo a piangere, ad avere pietà di loro, pervaso da un profondo lutto.

Soprattutto, dopo l'intenso lavoro e l'energie che avevo speso nelle sei settimane precedenti a pregare per i malati, avevo perso tutte le mie energie e oltre 10 kg. Sentivo che se avessi camminato sarei collassato. Se avessi perso un altro paio di chili non sarei stato neanche in grado di predicare. Un giorno, mentre pregavo, Dio mi disse di offrire una preghiera votiva.

«Vai sulla montagna e fai una preghiera votiva. Prega per la missione mondiale. Sono io che ho prelevato da te tutte le tue energie, perché ora ti riempirò di energia celeste. Il tempo è arrivato, prega per ricevere il potere di resuscitare i morti.»

Nel gennaio 1999 inizia a pregare come mi era stato ordinato. Dio mosse il mio cuore a pregare per la missione mondiale perché la provvidenza Dio si compia negli ultimi giorni. Dio mi fece conoscere la potenza dall'alto di resuscitare i morti, e mi istruì a pregare per ottenere «potenza su potenza.»

Dio si compiacque molto in questa preghiera e diede molte risposte. Una delle cose più sorprendenti fu che il mio corpo cambiò in forma e in forza. Anche io rimasi sorpreso dal vigore, non sembrava neanche più il mio corpo. Quand'ero giovane, desideravo l'ambita forma a «triangolo rovesciato» con le spalle larghe e la vita stretta che tutti gli uomini desiderano. Ebbene, dopo questi giorni di preghiera, il mio corpo cambiò in quello di un ragazzo, con stomaco piatto, vita sottile e spalle larghe. Ero così pieno di energia come forse non lo ero mai stato neanche a vent'anni. L'Eterno cambiò la forma del mio corpo in modo che potessi lavorare di più senza stancarmi.

Il diavolo, il nemico, aveva cercato di distruggermi, ma Dio mi aveva protetto e ora, in un attimo, mi aveva persino dato un corpo nuovo e forte. Non appena il diacono che era il mio autista mi vide, rimase molto sorpreso e mi fece delle foto. Anche i miei assistenti pastori rimasero davvero molto sorpresi nel vedere il mio corpo così trasformato.

Capitolo 3

La mente di Gesù mentre saliva con la croce al Golgota

La terza prova

Dopo aver concluso il mio primo tempo di preghiera votiva, promisi a Dio che avrei ripetuto questa cosa per una volta al mese fino ad aprile. Ma, in tutte e quattro le occasioni, non riuscivo a controllare il dolore che mi sommergeva ogni volta che mi ricordavo di coloro che avevano lasciato me e la chiesa e di quanto avevano calunniato sia me sia la comunità. Non rius. 0civo a pregare in modo corretto.

In aprile 1999, la parola di Dio mi fu consegnata mentre pregavo. Egli mi disse che non avrebbe perdonato i malvagi, ma anche che a motivo della pienezza della mia preghiera, avrebbe mostrato le sue opera trascendendo i limiti del tempo e dello spazio. Prima ancora che il Signore mi parlasse in questo modo, già molte persone avevano testimoniato di essere state guarite ricevendo la preghiera su Internet e non solo in Corea, ma in altri paesi. Dio mi confermò che questo tipo di opere avrebbero continuato ad accadere su larga scala.

Mi disse anche: «*Mio servo, non pregare più per coloro che vi hanno calunniato e infangato. Non essere triste, ma sappi che io non li perdonerò più, come non perdonerò nessun altro che disturberà questa chiesa.*»

Alcuni dei pastori che avevano lasciato la chiesa si unirono per meglio perseguire i loro piani malvagi, che, puntualmente, mi venivano rivelati. Uno di loro era un pastore donna, così tanto gelosa di me da divenire vittima del controllo di Satana.

Coloro che avevano lasciato la chiesa per il proprio tornaconto, pianificarono più volte programmi per distruggerci, ma essendo i loro interessi personali divergenti – ognuno pensava a sé – si separarono.

Nell'aprile 1999, dopo aver finito il quarto momento di preghiera votiva, Dio mi anticipò che ci sarebbe stata una terza prova. Se avessi superato questo test, nella sua provvidenza, Dio mi avrebbe elargito un potere illimitato a cui neanche Satana avrebbe potuto obiettare.

Dio mi disse, inoltre, di dare larga diffusione pubblicitaria alle riunioni speciali di risveglio che avremmo organizzato quell'anno, in modo che le trasmissioni in diretta dei servizi di culto potessero essere trasmesse in tutto il mondo. Comunicai poi alla chiesa quanto Dio mi aveva detto di fare, e, che avremmo avuto una grande esposizione mediatica, ma certo, mai avrei immaginato quello che stava per succedere!

Le emittenti televisive dovrebbero mantenere una visione oggettiva

Organizzammo le consuete due settimane speciali di risveglio a maggio 1999. Dopo che tutti i piani di quelli che volevano distruggerci fallirono, decisero che avrebbero tentato la carta della televisione pubblica come ultima possibilità.

Inviarono documenti falsi e falsi testimoni alla produzione del programma tv «The 'Producers' Note» della MBC, la Munhwa Broadcasting Corporation, uno dei maggiori quattro canali televisivi nazionali.

Il 15 aprile 1999, la squadra del programma «The 'Producers' Note» confezionò una puntata intera su di noi, basandosi sulle informazioni che gli erano state recapitate. La trasmissione sarebbe andata in onda a maggio.

L'emittente avrebbe dovuto mantenere una visione oggettiva, ascoltare tutte le parti coinvolte, se non altro avrebbe dovuto controllare la validità e l'affidabilità delle informazioni ricevute. Stavano per trasmettere qualcosa che era molto diverso dalla verità. Venuti a conoscenza di tutto questo, alcuni miei collaboratori e altri responsabili della chiesa, fecero richiesta al canale di non trasmettere un programma a senso unico, ma di ascoltare anche la nostra versione.

Facemmo presente al canale televisivo che la chiesa era nel pieno dei preparativi di quello che sarebbe stato un evento mondiale, le due settimane speciali di risveglio, e non appena le due settimane fossero finite, avremmo di certo collaborato e risposto a tutte le domande che volevano farci.

Di tutta risposta, la troupe del «The 'Producers' Note» si presentò a casa mia il tardo pomeriggio del 7 maggio, un venerdì, chiedendo di farmi un'intervista. Non avevano un appuntamento con me, non avevano mai fatto richiesta di un'intervista, nessuno ci aveva avvisato che ci sarebbero state delle telecamere.

Come ogni venerdì, ero uscito per andare alla veglia di preghiera notturna, e, come di consueto, io non arrivo mai in ritardo a nessun servizio di culto. (Se mai arrivo in ritardo anche solo di un minuto, poi digiuno e prego come atto di pentimento.)

Alcuni dei miei collaboratori tentarono di spiegare tutto questo alla troupe televisiva, e perché mi sarebbe stato impossibile avere un colloquio con loro in quel momento. In seguito, il canale disse, che avevano dato alla chiesa la possibilità di un'intervista, ma che io ero fuggito via.

Sorpresa su scala mondiale

La chiesa fece appello presso il tribunale per interruzione momentanea della trasmissione, l'appello fu accettato e il giudice dispose che il programma avrebbe dovuto essere rinviato di una settimana, all'11 maggio, e che sarebbe stato trasmesso solo parzialmente.

Malgrado la sentenza, e la richiesta di alcuni responsabili della chiesa di un incontro, i produttori ignorarono le nostre istanze adducendo al fatto che ormai al trasmissione era già programmata e il programma già confezionato.

L'11 maggio era il settimo giorno delle due settimane di risveglio. Il programma sarebbe andato in onda alle 23 quella sera. Come di consueto, l'incontro di risveglio finì intorno alle 22.30, e poco dopo, a mia insaputa, accadde qualcosa d'inaspettato. Io tornai alla mia residenza dopo la riunione come di consueto e andai a dormire. Il giorno dopo, ricevetti delle notizie sconvolgenti da parte di alcuni collaboratori della chiesa.

La sera prima, intorno alle 22:20, al termine della riunione di risveglio, alcuni fratelli si erano recati presso gli studi del canale tv per protestare. Sapevano che il programma stava per essere mandato in onda e che conteneva solo distorsione della realtà, motivo per cui, volevano manifestare contro la messa in onda. Sono arrivati agli studi intorno alle 23:05.

Erano in 20, forse in 30, non c'erano guardie alla porta principale, così entrarono tutti. Salendo incontrarono del personale e chiesero dove si teneva il programma. Alcuni dissero al quarto piano altri al settimo, così si divisero.

Alcuni arrivarono al secondo piano, dove attraverso una porta semiaperta videro i monitor TV dei programmi in corso e anche il programma che riguardava la nostra chiesa.

Nel vedere le accuse infondate e tutte quelle menzogne sulla nostra chiesa trasmesse in questo modo, senza contraddittorio, davanti a chissà quante persone, furono molto turbati. Ci fu una lite tra i nostri collaboratori e alcuni decisero che avrebbero chiesto in modo energico l'interruzione di questa trasmissione. Non tutti erano d'accordo, ma in qualche modo, qualcuno di loro staccò l'interruttore generale dell'intero palazzo a cui seguì l'interruzione delle trasmissioni. In brevissimo tempo tutto il mondo seppe ciò che era successo.

Enfasi sull'osservanza della legge

Ho sempre insegnato alla mia chiesa a osservare non solo la legge di Dio, ma anche tutte le leggi del paese, sia per le questioni grandi che per quelle piccole. Devo dire che la maggior parte dei membri della nostra chiesa non solo osserva la legge e serve la società, ma vive come la luce e sale del mondo, portando alta la testimonianza di Cristo.

Purtroppo, alcuni di loro, la fatidica sera, non si controllarono e in un attimo violarono la legge commettendo dei reati. La nostra chiesa a causa di ciò dovette affrontare dei danni enormi. Anche se avevamo ragione, era in ogni modo sbagliato violare la legge.

Avvertiti di ciò che stava succedendo uno dei nostri pastori, Pastor Hyeonkwon Joo, si recò immediatamente sul luogo per calmare la rivolta che ormai aveva preso piede tra i fratelli della chiesa. Salì su una specie di tavolo che era lì in studio gridando cose come: «Non toccate nulla, non danneggiate nessun macchinario, andate via in fretta, smettetela di fare quello che state facendo!.»

Intanto l'elettricità era stata prontamente ripristinata ed erano arrivati anche dei cameraman e tutta la scena fu ripresa, ma in modo che sembrasse che il pastore stesse incitando i rivoltosi piuttosto che richiamarli alla calma.

Tolsero l'audio a ciò che accadeva e il canale rappresentò i membri della chiesa come facinorosi violenti, mostrando cose non vere. In uno studio televisivo ci sono molti angoli che non vengono mai inquadrati, come telecamere smontate, fili aperti o mobili fuori posto, e inquadrando queste cose in un certo modo, senza audio e con dei commenti giusti, sembrava davvero che i fratelli avessero distrutto un intero studio televisivo.

Gli spettatori, tutti quelli che non sapevano cosa stesse accadendo in realtà, credettero alla notizia come veniva data.

A causa di questo incidente, fummo indicati come quelli che si impossessano degli studi televisivi e li distruggono, e l'immagine negativa che la chiesa ebbe come conseguenza di quest'azione fu immensa. Non solo, i fratelli e le sorelle della chiesa, che avevano sempre vissuto come sale e luce del mondo, ora venivano indicati come «quelli dell'incidente alla tv,» perdendo la loro buona immagine.

Naturalmente, nulla di quanto accadde fu pianificato. Fu un evento contingente, di cui abbiamo chiesto ampiamente e pubblicamente scusa a tutti. Abbiamo acquistato intere pagine di quotidiani nazionali dove chiedevamo scusa per quello che era successo, alla nazione intera.

Con il senno di poi, credo in ogni caso che una stazione

televisiva con questo ampio raggio, che trasmette programmi dai contenuti così controversi, dovrebbe munirsi comunque di un servizio di vigilanza, e sicurezza all'entrata. La nostra chiesa è molto grande, frequentata letteralmente da centinaia di migliaia di persone, di certo avrebbero dovuto aspettarsi che qualcuno si sarebbe presentato per protestare contro il programma che condannava la chiesa su basi infondate. Se quest'emittente, come tutte le altre, avesse avuto anche solo due guardie all'entrata, i membri della nostra chiesa non avrebbero potuto entrare con tanta facilità.

La stampa continuava a ripetere che quanto successo agli studi televisivi era stato pianificato e che tutti ne eravamo a conoscenza. La polizia e gli investigatori hanno interrogato più volte e a lungo tutti i fratelli coinvolti in questo episodio, convenendo che si era trattato di un evento non pianificato e contingente.

Era stato mandato in onda un programma basato su informazioni false consegnate da persone che cercavano di distruggere in ogni modo possibile la nostra chiesa. A causa di questa trasmissione, non solo la chiesa ma anche i membri della chiesa dovettero affrontare conseguenze gravi e inaspettate. Venivano etichettati come una chiesa violenta, gli studenti venivano trattati molto male a scuola, e tanti smisero di frequentare.

Un onesto cittadino perde il lavoro

A quel tempo il diacono Ikseon Yu era stato in polizia per oltre 20 anni. In più di un'occasione era stato insignito di riconoscimenti per la sua lealtà, era sempre stato un buon esempio come cristiano, evangelizzando tutti come poteva. Ikseon Yu era molto conosciuto sia in chiesa sia sul lavoro, così, i traditori fecero leva sulla stampa e sui media, diffondendo false informazioni e insinuazioni infamanti sul suo conto.

Veniva accusato di essere la mente organizzatrice degli incidenti alla stazione televisiva. La stampa, ovviamente, trovò molto interessante il soggetto: un poliziotto in servizio che organizza scontri e incidenti per difendere la sua chiesa.

Le autorità e la polizia indagarono a lungo su queste dichiarazioni. Il 17 maggio, il telegiornale delle 9 della MBC rilasciò il seguente comunicato:

«La polizia ha avviato un'indagine contro l'ufficiale di

polizia Yu in Yangcheon, con l'accusa di aver avuto un ruolo di primo piano nel sequestro degli studi della Munhwa Broadcasting Corporation. Nelle indagini è stato riscontrato che l'ufficiale Yu, dopo il lavoro, quella sera, si è recato in chiesa ed era a conoscenza di ciò che stava per accadere presso gli studi della MBC, ciononostante, non ha denunciato il fatto alle autorità competenti.»

In realtà, l'inchiesta della polizia aveva scoperto che lui era in chiesa quando gli altri si recavano presso gli studi e immediatamente chiamò la stazione televisiva per avvertirli che avrebbero potuto verificarsi dei disordini.

La polizia face anche un'indagine interna su di lui che durò un mese e mezzo. Alla fine fu dichiarato innocente ed estraneo ai fatti. Ha chiesto all'autorità delle comunicazioni una ritrattazione pubblica delle accuse sul suo conto, cosa che non è mai avvenuta.

Il diacono Ikseon Yu ritornò al suo lavoro in polizia dove restò per un anno e mezzo, ma, a causa del sospetto con cui era guardato dai suoi colleghi e della freddezza con cui tutti lo trattavano, rassegnò le dimissioni. Un ufficiale di polizia leale, un cittadino onesto, è stato infangato e ha perso il suo lavoro per via delle accuse false che gli erano state mosse.

L'opera di Dio persiste

Il 3 maggio 1999, le due settimane speciali di risveglio iniziarono con un messaggio dal titolo «Dio è amore» (1 Giovanni 4:16). Nel corso della riunione Dio ha mostrato molti segni e prodigi.

Napshim Park aveva 85 anni fa e frequentava la comunità nella provincia di Goesan, Choongbook. Fu molto toccata dalle audiocassette dei sermoni che suo figlio le aveva inviato dalla nostra chiesa. Dal giorno in cui il figlio era nato, lei aveva perso la vista dell'occhio sinistro e aveva la palpebra cadente.

Quando aveva trent'anni, uno zio del marito le diede uno schiaffo perché lei credeva in Gesù e come risultato, le si ruppe il timpano destro, motivo per cui non sentiva più da quel lato. Il 3 maggio 1999, il primo giorno delle riunioni di risveglio, Napshim Park guarì e uscì dalla chiesa che vedeva dall'occhio sinistro e udiva dall'orecchio destro. Oltre 55 anni di infermità permanenti cancellate in un attimo!

Alle riunioni di quest'anno partecipava anche Heekyeong Song che due anni prima aveva ricevuto guarigione. Heekyeong Song era nata prematura, al settimo mese di gravidanza, motivo per cui aveva il braccio sinistro e la gamba sinistra paralizzati sin dall'infanzia.

Attraverso delle terapie mirate e costanti aveva recuperato in parte la mobilità degli arti, ma la gamba sinistra era quattro centimetri più corta della destra, la spina dorsale era piegata, e il bacino sformato. Conviveva con molti dolori e sin da piccola, a motivo del fatto che era claudicante, i bambini a scuola la prendevano in giro.

Nel 1997 entrò al college e il 6 maggio partecipò per la prima volta nella sua vita ad una riunione cristiana, venne, infatti, alla quinta serata delle due settimane speciali di risveglio. Pregai per lei durante la preghiera per i malati e subito le sue gambe furono rafforzate e, dalla felicità, iniziò a saltare.

In quel momento avvenne un'altro miracolo. La sua gamba sinistra toccava terra! Andò a farsi visitare, e i medici scoprirono che la gamba sinistra, da sempre 4 centimetri più corta della destra, si era allungata! Non solo, la spina dorsale e il bacino ora erano normali, sani e nella forma consona. Oggi è sposata, ha una famiglia felice e due belle bimbe.

Dal giorno in cui era andato in onda il programma su di noi, molti giornalisti di network televisivi internazionali, tra cui la CNN (Cable News Network), l'ABC (American Broadcasting Company), la BBC (British Broadcasting Corporation), la NHK (Nippon Kyokai HOSO: Giappone Broadcasting Corporation), visitavano la nostra chiesa. Facevano riprese, scattavano foto, stillavano note e articoli sulle riunioni di risveglio.

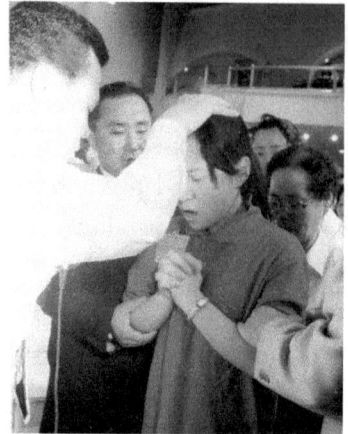
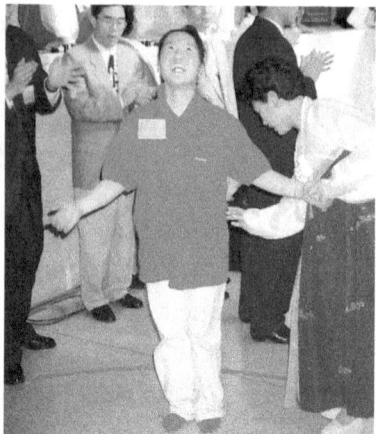

Sopra: Preghiera durante una riunione di risveglio (1997)
Sotto: la famiglia di Heekyeong Song

Gli articoli redatti parlavano di non vedenti che recuperavano la vista, di grucce buttate via e di persone in piedi dopo essere state costrette sulla sedia a rotelle per molti anni. Riferivano ciò che vedevano, né più né meno.

Dopo gli eventi presso la stazione televisiva non andai più a casa mia per alcuni mesi, rimanevo in chiesa da solo a pregare. Il dolore e lo shock mi avevano colpito di nuovo e io avevo di nuovo perso peso e stavo diventando debole.

Fino ad allora la nostra chiesa aveva fatto sempre molta beneficenza, ci eravamo sempre prodigati per lo sviluppo delle chiese cristiane e di opere sociali. Non avevamo mai causato alcun problema alla società.

Avevamo aiutato tante famiglie sull'orlo del divorzio che ora erano famiglie felici. Tante persone erano state guarite e ora conducevano una vita sana. Molti erano arrivati in chiesa per la prima volta in condizioni economiche estreme, realmente poveri, ed ora che conducevano una vita secondo la parola di Dio, erano diventati ricchi e molto prosperi.

Questo canale televisivo non era mai stato in buona fede, non avevano mai avuto l'intenzione di parlare con oggettività della chiesa. Sicuri del fatto che tutte le grandi chiese hanno problemi, stavano probabilmente conducendo una propria singolare caccia alle streghe.

Avevano messo in atto una grave violenza, e su segnalazione di perfetti sconosciuti, avevano scritto una sceneggiatura perfetta per la tv, ma lontana dalla verità. Certo, trovavo incomprensibile il comportamento di un canale televisivo che per fare odience agisce in questo modo, anche se dovevo riconoscere che le maggiori difficoltà e i problemi veri, in tutta questa situazione, alla fine, erano arrivati dal comportamento disdicevole dei membri della mia chiesa.

L'unica cosa che potevo fare, realisticamente, era meditare su Gesù e su come si era fatto carico della sua croce in silenzio e con calma. Potevo solo digiunare e pregare con lacrime davanti a Dio, che sa tutto.

Nelle mie predicazioni non ho mai menzionato i nomi di coloro che avevano diffuso tutte quelle falsità su di noi. Il danno diffamatorio, soprattutto sulla mia persona, era serio, ma se avessi rivelato i nomi di queste persone e le loro colpe, per loro un eventuale recupero o una conversione futura sarebbero state impossibili. Così, decisi che avrei sopportato da solo il peso di quanto accaduto. Ciononostante, i miei collaboratori erano certi che, ameno che la verità non fosse stata resa pubblica, avremo incontrato troppe difficoltà nel compiere l'opera missionaria che così tanto ci stava a cuore. Pertanto, la chiesa citò in giudizio l'emittente.

Nel maggio 1999, dopo la messa in onda del programma «The 'Producers' Note,» il Presidente e Rappresentante dell'Associazione Missionaria Mondiale, il reverendo Jongman Lee, visitò la nostra chiesa. Io ero molto sorpreso di questo. Il reverendo Lee è un vero leader spirituale in Corea, un uomo molto conosciuto nella nostra nazione, ma non c'era mai stata molta interazione tra lui e la nostra chiesa.

Si presentò da noi perché aveva saputo, che ero stato ingiustamente accusato da quel programma televisivo.

Dopo aver parlato con me, rilasciò una dichiarazione e un comunicato stampa dal titolo: «Chiediamo delle trasmissioni leali.» Ciò che segue è un estratto del comunicato.

«... Quando si parla di religione, occorre prestare molta attenzione a non violare i personaggi e le finalità di tale religione. In particolare, occorre che le emittenti televisive riconoscano che non hanno nessuna competenza in materia di questioni religiose, in particolare su argomenti che riguardano eresie. Tutto ciò che un'emittente può fare è segnalare fatti e argomentazioni in modo equo....»

Come sapete, il programma della MBC (Munhwa Broadcasting Corporation) aveva superato abbondantemente quella soglia. Le questioni religiose vanno affrontate con metodi adeguati e accettabili, come i dibattiti di studio e scienza.

La MBC aveva completamente ignorato tale approccio, facendosi portavoce di opinioni unilaterali e riportandole come vere e maggioritarie.

La stampa viola l'etica sulla religione e ne impedisce il regolare svolgimento delle missioni e dei suoi doveri quando giudica temi religiosi con metodi non-religiosi.

Qualche giorno dopo la visita alla nostra chiesa, il reverendo Jongman Lee rilasciò la seguente intervista alla stampa:

«Penso che l'incidente presso gli studi della MBC sia accaduto perché, essendo il canale televisivo ignorante su questioni spirituali e riguardo la religione, ha frainteso le azioni della Chiesa Manmin Centrale.

Oggi abbiamo un disperato bisogno di sperimentare lo Spirito Santo e di avere esperienze divine. Quando però parliamo di esperienze, molti pensano che sia qualcosa di strano. Io vi dico che oggi, in Corea, dobbiamo curare questa malattia delle chiese coreane che le porta a giudicare e condannare gli altri dall'alto della loro arroganza e dei propri standard.

Il motivo per cui amo la Chiesa Manmin è perché lo Spirito Santo è sempre tangibilmente all'opera, ad ogni servizio. So di non sbagliare nel dichiarare che la Chiesa Manmin è importante, è l'esempio migliore che abbiamo di una chiesa che conosce e sperimenta lo Spirito Santo.»

Personalmente, non ho mai guardato il programma incriminato, pertanto non ne conosco i contenuti in dettaglio, ma, da quello che ho sentito dai miei collaboratori, la verità è stata talmente distorta che al solo pensiero piango.

Come allora, ancora oggi non cerco scusanti, o torti o ragioni, ma di certo so solo che i veri credenti sanno discernere la verità.

Le persone, in linea generale, si fidano quasi ciecamente delle emittenti pubbliche, perché le trasmissioni televisive sono un mezzo molto potente. Se il produttore di un determinato programma lo modifica di testa sua e a suo piacimento, ciò che verrà trasmesso alla fine sarà molto diverso dalla verità del materiale originale. Vorrei solo spiegare brevemente alcune delle cose che sono state mostrate durante il programma «The 'Producers' Note.»

A Las Vegas

Al termine di ogni crociata di risveglio all'estero, concedo ai collaboratori che mi accompagnano dei giorni di riposo, perché le attività sono frenetiche e alla fine tutti sono sfiniti. Chiesi loro, quindi, cosa volevano fare dei 3 giorni che avevamo prima di ritornare a casa. La maggior parte di loro voleva vedere il Grand Canyon, essendo un'opera grande di Dio il Creatore. Per andare dovevamo passare attraverso Las Vegas.

Come tutti sanno, Las Vegas è la città dei casinò, ci sono molti alberghi e in tutti gli alberghi ci sono dei casinò. È una cosa comune per famiglie o coppie anziane divertirsi alle slot machine che si trovano praticamente ovunque, parlo di quelle che prendono le monetine.

Il gioco d'azzardo è legalizzato dal Governo degli Stati Uniti in questo stato, e Las Vegas è diventata una meta turistica per chi vuole intrattenersi in questo tipo di attività.

Naturalmente, c'è chi perde ingenti somme di denaro, ma

fa davvero parte della cultura locale di intrattenimento leggero giocare in un qualsiasi casinò presso un qualsiasi albergo di Las Vegas.

Quando sono fuori in viaggio di missione, riprendiamo tutto il viaggio in video e facciamo un rapporto dettagliato da mostrare alla comunità al ritorno. Così facendo diamo gloria a Dio. Tutti nella chiesa sapevano che una volta terminata la missione negli USA saremmo passati da Las Vegas, e tra le altre cose avremmo visitato anche un casinò. Onestamente, io non sapevo nulla né di cosa fosse un casinò né di come si gioca alle slot machine.

Uno dei membri del nostro team suggerì di giocare – per gioco – davvero. Mi spiegarono come funzionava e io scelsi una slot chiedendo prima l'ispirazione dello Spirito Santo. Io inserivo monetine e un sacco di monete venivano fuori. Io avevo la fede di poter battere la macchina, ed infatti questo continuava ad accadere.

Tutto è stato ripreso in video. Tutti i membri della nostra squadra hanno giocato almeno una volta, la maggior parte di loro ha perso e nessuno ha trovato molto divertente questo gioco. Ero rimasto solo io a «giocare.»

Ovunque mi sedevo, le monete continuavano a uscire. Le abbiamo contate, in ogni macchina è successo più di dieci volte consecutive. Incredibile, erano tutti molto sorpresi. Io ero molto contento perché avevo mostrato in modo inequivocabile alla mia squadra che la fede è in grado di controllare anche le macchine. Poco dopo smettemmo e ritornammo al nostro percorso turistico.

Quando sono tornato in chiesa, ho spiegato e mostrato alla nostra chiesa tutto questo per piantare in loro un seme di fede. Naturalmente questo genere di cose può essere fatto a puro scopo ludico, per un breve periodo, e mai e poi dovete esercitare la vostra fede per il gioco, atto a ottenere del denaro non guadagnato.

Una delle persone che aveva lasciato la chiesa e che aveva avuto un ruolo di primo piano in tutta questa storia della trasmissione televisiva, aveva falsamente testimoniato che io avevo perso alcune decine di migliaia di dollari quel giorno nel casinò. Nel programma veniva mostrata una nota spese come documento, in cui vi sarebbe stato scritto «Spese di gioco,» come se fosse stato un documento emesso dalla nostra chiesa, ma era un completo falso!

Hanno orientato l'intero programma con l'intenzione di far sembrare che io avessi il vizio del gioco e che spendevo una grande quantità di denaro della chiesa per mantenere questo vizio. Ma poi, mi chiedo, se qualcuno sottrae dei soldi per giocare d'azzardo, potrà mai presentare una nota spese con la voce «Spese di gioco?»

'Pastore' è un'espressione biblica

La Bibbia ci dice che Gesù è il grande Pastore (Ebrei 13:20), e il pastore capo (1 Pietro 5:4). Ma, che cosa è un pastore? Geremia 3:15 dice: «*Vi darò dei pastori secondo il mio cuore, che vi pasceranno con conoscenza e intelligenza.*» I pastori sono coloro che sfamano il popolo di Dio con conoscenza e intelligenza.

I pastori, come riferito in questo verso, sono quelli che ammaestrano il popolo di Dio.

Geremia 23:2-4 dice: «*Perciò dice il Signore Dio di Israele riguardo ai pastori che pascolano il mio popolo... Costituirò su di loro dei pastori che le porteranno al pascolo, ed esse non avranno più paura né spavento, e non ne mancherà nessuna...*»

I pastori sono coloro a cui il Signore, il capo dei pastori, affida il suo gregge, perché gli insegnino e se ne prendano cura. Ancora oggi, dire che chi si prende cura del gregge è il pastore, è giusto e corretto secondo la Bibbia.

Chiarimenti sui malintesi riguardo l'espressione «Essere Uno con lo Spirito Santo»

Tra le varie falsità che coloro che avevano lasciato la chiesa e creato così tanti problemi avevano messo in giro riguardo me, ce n'era una davvero inverosimile: sostenevano che io avessi detto di essere Dio, o meglio, la quarta persona della deità.

Ho sempre e solo predicato la trinità, fondata sulla Bibbia, il libro della verità, ragione per cui rimasi molto stupito nel venire a conoscenza di una cosa così assurda.

So che a motivo del fatto che la nostra chiesa manifesta in modo forte le opere dello Spirito Santo, il diavolo, il nemico, ci odia e cerca di distruggerci. Ancora oggi ci sono alcune persone che diffondono voci fuorvianti, sostenendo che io abbia detto – chissà dove e chissà quando – che io sono Dio o addirittura che sono lo Spirito Santo.

Io ho solo e sempre insegnato che occorre liberarci della malvagità del cuore, e che, una volta privi del male, attraverso la preghiera fervente, il nostro cuore somiglierà sempre più al cuore irreprensibile e immacolato del Signore. In questa condizione possiamo ricevere potenza da Dio, essere uniti con lo Spirito Santo e operare grandi cose attraverso di Lui.

Gesù ha parlato di essere uno con Dio.

In Giovanni 17: 21-22, Gesù disse: «...*che siano tutti uno; e come tu, o Padre, sei in me e io sono in te, anch'essi siano in noi: affinché il mondo creda che tu mi hai mandato. Io ho dato loro la gloria che tu hai data a me, affinché siano uno come noi siamo uno.*»

Supponiamo che il CEO di un'azienda chieda a tutti i suoi dipendenti di unirsi a lui, di condividere i suoi obiettivi, di avere un sentimento unanime nei riguardi della missione aziendale. Ecco, questo non significa che i dipendenti diventeranno tutti dei CEO.

Come potrei perfino mai immaginare di dire che io sono Dio o che sono lo Spirito Santo! In quei giorni, predicai sul tema, e in un sermone dissi quanto segue:

«Girano tante cose sul mio conto ultimamente, a motivo dei segni, dei prodigi e delle opere straordinarie che avvengono nella nostra chiesa. Ho sentito dire che alcuni abbiano riferito che io mi auto-definisco Dio. Fratelli e sorelle, anche voi credete a queste cose?
Mentre ero malato, per 7 lunghi anni, abbandonato dalla mia famiglia e dai miei genitori, Dio mi ha guarito, in un attimo. Da allora, l'unica cosa che faccio è pregare e lavorare fedelmente per Lui, con la mia famiglia, visto

che anche loro hanno dedicato la propria vita al regno e alla giustizia di Dio.

Voi sapete bene che l'Iddio onnipotente è stato con me per mostrarci tanti segni, prodigi e opere straordinarie. Quanti di voi qui presenti hanno sperimentato la mano di Dio attraverso di me?

Alcuni di voi avevano ricevuto la condanna a morte da parte di un ospedale, alcuni di voi erano zoppi, alcuni di voi addirittura paralizzati a livello cerebrale, potrei andare avanti con l'elenco, eppure siete tutti stati guariti e adesso godete di buona salute. Le vostre famiglie sono stati evangelizzate.

La maggior parte di voi ha abbandonato il mondo, ha deposto il peccato e le tenebre, digiuna e prega, spesso tutta la notte, sforzandosi di vivere secondo la parola di Dio. Tutti noi qui stiamo correndo la corsa verso il regno dei cieli.

Perché mai dovrei auto proclamarmi Dio? È inimmaginabile. I messaggi che non mi stanco mai di predicare, come il 'messaggio della Croc' ad esempio, sono la testimonianza costante che io vivo solo per la gloria di Dio.

Ma se dò sempre e solo ogni gloria solo al Signore, potrei mai dichiarare di essere come Dio, come nostro Signore? Potrei mai negare la Bibbia?

Ecco, eppure ci sono persone che sostengono io abbia dichiarato queste cose, e lo dicono in pubblico. Dicono che lo fanno per me, perché sono preoccupati per me. Ma hanno idea di quanto mi stanno insultando? Può essere mai una cosa del genere vera? Cari fratelli e sorelle in Cristo, non credete e non pensate neanche per un attimo che questo sia vero!

Non dovete nemmeno immaginare una cosa del genere, se mai sentirete dire da me queste parole, se mai arrivasse il giorno in cui io mi definirei Dio, immediatamente condannatemi tutti e lasciate questa chiesa. Vi è un solo Dio.

Solo Gesù Cristo, solo Lui è il nostro Salvatore. Dio il Padre, il Figlio e lo Spirito Santo, la Trinità. Crediamo all'ispirazione divina di tutti e 66 i libri della Bibbia.»

(Estratto dalla predicazione del 31 luglio 1998, durante gli insegnamenti sul libro dei Proverbi)

Nel programma «The 'Producers' Note,» un'altra delle calunnie sul mio conto era proprio quella che io mi dichiaravo Dio, e, a riprova di ciò, mostravano dei filmati in cui alcuni membri della chiesa si inchinavano davanti a me. Voglio raccontarvi la storia di queste immagini.

Nel 1998, Dio ha aperto gli occhi spirituali di molti fratelli della chiesa e ha permesso loro di vivere molte esperienze spirituali. Venerdì 15 maggio era il mio compleanno. Quella sera il servizio di ringraziamento era condotto dalla Missione delle donne della chiesa.

Abbiamo avuto il servizio la mattina, e verso la fine sentii che nel cielo era apparso un parhelion, un arcobaleno circolare. Sono uscito dopo il culto e in effetti ho visto l'arcobaleno con i miei occhi, era nitido, bellissimo e pieno.

Da questo giorno in poi spesso Dio ci ha fatto dono di

arcobaleni circolari nel cielo sopra di noi quando avevamo degli eventi di chiesa. È un segno dell'amore di Dio che ci dice Egli è con noi.

L'arcobaleno non era l'unica cosa. Molti fratelli della chiesa vedevano le luci del regno spirituale, l'oro e l'argento nell'aria asperso dagli angeli. Altri vedevano chiaramente gli angeli muoversi e sedersi negli spazi della chiesa o in giardino. La differenza tra poter vedere regno spirituale e non poterlo vedere è grande. I membri della chiesa condividevano le loro visioni.

Era un venerdì, e come ogni venerdì sera alle 23, iniziò il servizio di preghiera notturno che in genere dividiamo in due parti: la prima di preghiera e intercessione la seconda di lode e adorazione. La ragazza che stava conducendo la lode nella seconda parte improvvisamente si prostrò davanti a me.

Coloro che non hanno familiarità con la coltura e i costumi della Corea, non sanno che non è un gesto così inusuale da noi fare un «grande inchino» per ringraziare qualcuno o come segno di rispetto. È un gesto che viene fatto soprattutto verso i propri genitori, a un insegnante o a un datore di lavoro.

Successe tutto in un attimo. Il leader della lode quel giorno disse che aveva sentito di farmi il «grande inchino» perché era il mio compleanno, per ringraziarmi della parola della vita che io avevo insegnato in tutti quegli anni.

Dopo di lei, anche gli anziani della chiesa fecero l'inchino davanti a me. Avevo capito il sentimento del loro cuore, naturalmente, desideravano fare un gesto plateale proprio nel giorno del compleanno del loro pastore, per ringraziarlo e affermare il loro rispetto verso di lui, che negli anni era stato fedele insegnandogli la grazia di Dio.

Ero così imbarazzato che ho cercato di fermarli. Era la prima volta che questo succedeva nella storia della chiesa. La sorella che aveva iniziato il grande inchino, in seguito, lasciò la chiesa. Fu proprio lei che iniziò il movimento di persone che ci aveva causato tutte le prove che stavamo attraversando.

Non si sono inchinati davanti a me come davanti a Dio, ma come espressione del loro ringraziamento nella mia funzione di pastore, per averli fatti crescere nella Parola di Dio.

Quando l'emittente trasmise il programma, non fornì il quadro completo della situazione, omise di spiegare la genuinità di ciò che era successo. Lo speaker che mostrava le immagini disse che mi piaceva essere adorato, facendomi apparire come il leader di una setta.

La Bibbia è piena di cose meravigliosamente misteriose

Il programma «The 'Producers' Note» non si fece mancare la collaborazione del CCK (il Consiglio Cristiano di Corea), il quale, visti i documenti riportati dalla tv – vale a dire quelli prodotti falsamente da coloro che avevano lasciato la comunità – dichiarò che la nostra chiesa era una setta eretica caduta nel misticismo.

Il comitato di cui sopra, fece anche riferimento agli eventi successi nel 1990 con la chiesa della Denominazione della Santità di cui ho parlato nel primo libro, quando questa denominazione abusò della propria autorità per condannarmi e scomunicarmi.

Non è mia intenzione in questa sedere controbattere punto per punto alle interviste false sul mio conto, non voglio giocare a «io ho ragione tu hai torto.» Piuttosto, desidero chiarire cosa si intende per misticismo.

La Bibbia è un libro misterioso. Dalla Genesi all'Apocalisse. Dio è spirito, Egli esiste nella quarta dimensione, che è il regno spirituale. La Bibbia è stata da Lui ispirata e redatta dai suoi prescelti, i profeti e gli apostoli, uomini retti di fronte a Lui.

I profeti e gli apostoli scrivevano su ispirazione dello Spirito Santo direttamente dal cuore di Dio. Sono stati, in realtà, dei «ghostwriter» perché l'autore della Bibbia è un altro.

[ndt: ghostwriter, letteralmente scrittore fantasma in italiano, è un autore professionista, pagato per scrivere libri, articoli, storie, pubblicazioni scientifiche o, in campo musicale, composizioni, che sono ufficialmente attribuiti ad un'altra persona.]

Supponiamo che una madre, che vive in campagna ed è analfabeta, voglia scrivere una lettera al proprio figlio e chieda al vicino di casa di scriverla per lei. Il vicino di casa è solo il «ghostwriter,» perché il vero autore della lettera è la madre.

La Bibbia insegna che Dio è spirito, che è il Creatore, Colui che ha dato vita al tutto dal nulla. La Bibbia è piena di cose che non possono essere comprese con la logica.

Questo è ciò che racconta la Bibbia: Dio che scende sul monte Sinai per parlare con Mosè; corvi che portano la cena a Elia (pane e carne, per di più); Pietro che scappa di prigione aiutato da un angelo; Gesù che ritornerà al suono di trombe. È possibile credere a tutte queste cose con la ragione e la logica degli uomini?

Esodo 19:18-19 dice: «*Il monte Sinai era tutto fumante, perché il Signore vi era disceso in mezzo al fuoco; il fumo saliva come il fumo di una fornace, e tutto il monte tremava forte. Il suono della tromba si faceva sempre più forte; Mosè parlava e Dio gli rispondeva con una voce.*»

«*Poi si coricò, e si addormentò sotto la ginestra.*

Allora un angelo lo toccò, e gli disse: 'Àlzati e mangia.'
Egli guardò, e vide vicino alla sua testa una focaccia
cotta su pietre calde, e una brocca d'acqua. Egli mangiò
e bevve, poi si coricò di nuovo. L'angelo del SIGNORE
tornò una seconda volta, lo toccò, e disse: 'Àlzati e
mangia, perché il cammino è troppo lungo per te.' Egli
si alzò, mangiò e bevve; e per la forza che quel cibo gli
aveva dato, camminò quaranta giorni e quaranta notti
fino a Oreb, il monte di Dio.» (1 Re 19:5-8).

«*Ed ecco, un angelo del Signore sopraggiunse e una*
luce risplendette nella cella. L'angelo, battendo il fianco
a Pietro, lo svegliò, dicendo: 'Àlzati, presto!' E le catene
gli caddero dalle mani. L'angelo disse: 'Vèstiti, e mettiti
i sandali.' E Pietro fece così. Poi gli disse ancora: 'Mettiti
il mantello e seguimi.'» (Atti 12:7-8).

«*Perché il Signore stesso, con un ordine, con voce*
d'arcangelo e con la tromba di Dio, scenderà dal cielo, e
prima risusciteranno i morti in Cristo.» (1 Tessalonicesi
4:16).

Oggi, se parliamo di questo regno spirituale, spesso veniamo
condannati, ci accusano di cadere nel misticismo. Purtroppo,
sono pochi gli insegnanti che ammaestrano propriamente nei
riguardi del regno spirituale, e quindi molti credenti non hanno
la vera fede.

Anche se frequentano la chiesa, molti cristiani oggi non
hanno mai sperimentato lo Spirito Santo, motivo per cui non
hanno nemmeno la certezza della salvezza. Molti non credono
nel paradiso e nell'inferno e commettono gli stessi peccati dei

miscredenti.

Le accuse riguardo le offerte forzate

Sempre nel programma, la MBC aveva intervistato una persona che aveva lasciato la nostra chiesa perché, sosteneva, stava dando troppe offerte alla chiesa e a causa di ciò la sua azienda era fallita e la sua famiglia distrutta.

Dichiarò anche che ben oltre la metà del suo introito mensile, quando guadagnava bene – circa 6.000 dollari – lo dava nelle offerte. Per essere sicuri di sapere le verità, abbiamo minuziosamente controllato i libri contabili delle offerte, riscontrando che tutto quello che stava raccontando era falso.

Secondo i suoi figli e anche secondo i suoi dipendenti, la sua azienda era schiacciata dai debiti, e per questo fallì. Non davvero a causa delle offerte. I suoi affari personali non erano affatto in ordine, e, in realtà, con oltre metà del suo reddito doveva pagare i debiti che aveva contratto, finché non le fu più sostenibile e dichiarò bancarotta.

Suo figlio sapeva che la madre aveva dato una falsa testimonianza durante l'intervista, anche se non si sarebbe mai messo contro sua madre, non pubblicamente almeno.

Tempo prima, qualcuno in chiesa mi avevo parlato delle grosse difficoltà finanziarie di questa famiglia e io personalmente l'ho aiutata con una notevole quantità di denaro. Eppure, abbandonò la chiesa, e aiutò quelli che volevano distruggerci. L'unica cosa che potevo fare per lei era piangere in cordoglio.

Avevo aiutato queste persone di tasca mia, avevo rinunciato a fare la spesa per la mia famiglia per aiutarli! Per questo, nel comprendere che, la grazia che avevo avuto nei loro confronti, era stata ripagata con tutto questo male, il mio cuore esplodeva di dolore. Una sofferenza incontenibile.

Video rubato con telecamere nascoste

Nel maggio 1999, la diaconessa Hyeonju Kim, uno dei nostri membri di chiesa, apparve nel programma che sapete. Era al quinto mese di gravidanza e rimase scioccata nell'apprendere questo fatto.

A fine aprile del 1999, la diaconessa Kim ricevette una telefonata da una signora che non conosceva, la quale le disse che aveva bisogno del suo aiuto e desiderava parlare della sua esperienza con la chiesa e della sua famiglia. Kim non avrebbe mai potuto immaginare che la donna che stava per incontrare in realtà era una giornalista e la stava riprendendo con una telecamera nascosta.

Avevano camuffato la sua identità. Le fece parecchie domande importanti, e poi in fase di produzione montò le riprese in modo distorto e falso rispetto al colloquio che aveva fatto con la diaconessa.

Avevo conosciuto la diaconessa Hyeonju Kim per la prima

volta quando era venuta in chiesa dalla Francia – nell'Aprile del 1998 – perché pregassimo per la guarigione di suo figlio Joonsu. Il bimbo piangeva sempre a causa di una patologia che gli impediva la crescita del cervello. Partecipò a un incontro di risveglio e poi pregai per lei e il suo bambino, che, da quel giorno smise di piangere.

La diaconessa Hyeonju Kim riscontrò un cambiamento e se ne tornò in Francia dove viveva con suo marito che lì stava studiando. Dopo che il marito finì gli studi, tornarono in Corea e iniziarono a frequentare la nostra chiesa.

Nel frattempo, il loro bimbo era andato in cielo, e i due coniugi considerarono la cosa piuttosto una benedizione, per Joonsu era meglio essere salvato e stare vicino al Signore piuttosto che a soffrire su questa terra.

Kim è rimasta incinta di nuovo nel 1999, e la coppia fu molto grata di questo, rendendosi conto che fosse stato l'amore di Dio a prendere il loro primo figlio e dargliene altro bambino. Quindi, non erano tristi, ma continuavano a vivere la loro vita cristiana con gratitudine.

Quindi, nel raccontare la sua storia – la diaconessa Kim pensava che stesse evangelizzando in buona fede la donna che l'aveva chiamata – diede la sua testimonianza, parlò della vita felice che aveva ed esortò la signora ad accettare il Signore. Purtroppo nulla di tutto questo venne trasmesso. L'intervista fu montata con domande faziose e risposte artefatte tanto che sembrasse che Kim fosse disperata e la sua vita miserabile a causa della chiesa.

Ho voluto darvi in questa sede solo qualche accenno riguardo il programma televisivo della MCB, ma non intendo parlarne ancora. Anche perché, per chiarire e dire la verità su tutto ciò che è stato trasmesso nel «The 'Producers' Note,» non mi basterebbe scrivere una dozzina di libri.

I pochi casi che ho citato sono sufficienti comunque per farsi un'idea di come sia stata distorta la verità. In termini tecnici, eravamo stati violati dalla stampa, avevamo subito era un vero e proprio atto persecutorio, dettato da motivazioni religiose, oltre che con le intenzioni chiare di diffamare la mia persona.

Ho voluto menzionare quanto accaduto nella speranza che mai nessun altro soffra quello che abbiamo sofferto noi a causa di trasmissioni pubbliche.

Risarcimento in appello

Il danno che la nostra chiesa dovette affrontare a causa del programma televisivo fu immenso, ragione per cui ci appellammo al Collegio Arbitrale della Stampa [ndt un sorta di nostro Garante per le Comunicazioni). I legali del canale televisivo risposero che il loro cliente non aveva nessuna intenzione di affrontare un arbitrato, motivo per cui, chiedemmo al tribunale la possibilità di un risarcimento in appello unilaterale.

Un appello unilaterale è la possibilità data alla parte lesa da mezzi di stampa e trasmissione, di presentare un'obiezione e spiegare la sua versione dei fatti. Si concede alla parte che afferma di essere stata danneggiata a causa di un'azione dei mass media di chiarire ciò che a suo avviso non è stato trasmesso con chiarezza.

È la possibilità di rendere giustizia ed equità per coloro che devono affrontare dei danni quando e se vengono pubblicate notizie non veritiere da parte dei mass media.

Il 14 ottobre 1999, la Corte distrettuale di Seoul ha pronunciato la seguente sentenza, con decorrenza immediata:

«La MBC dovrà trasmettere le obiezioni presentate dalla Manmin Joong-ang secondo come assegnato da questa corte, nella misura, nei programmi, nelle procedure e nei metodi di cui sia allegano i dettagli, per un totale di quattordici volte in un totale di tredici programmi tra cui sette programmi televisivi e 6 programmi radio.»

Inoltre, la Corte aveva inoltre disposto che:

«Se la MBC non si adeguerà alla presente sentenza con decorrenza immediata, dovrà pagare 5.000.000 ₩ al giorno per ognuna delle obiezioni pubbliche che ha omesso di effettuare.»

Quindi, secondo quello che la corte aveva ordinato, la MBC mise in atto il risarcimento, all'interno della programmazione: durante il News Desk MBC (il telegiornale principale), 12 Notizie di Mezzogiorno e il Hawje Jipjung delle 18:00 (programmi di cronaca e interesse generale), per un totale di quattordici volte. In ogni caso, quanto fatto non risarcì neanche in piccola parte il danno che ci era stato arrecato.

Nella loro invidia, i leader del suo tempo tradirono Gesù

Gesù ha predicato il vangelo del regno dei cieli, guarito le malattie di tante persone, e ridato la vita a molti. Siccome manifestava la potenza di Dio, i farisei, gli scribi e i leader religiosi erano gelosi di lui e lo calunniavano.

In Giovanni 10:20 leggiamo: *«Molti di loro dicevano: 'Ha un demonio ed è fuori di sé; perché lo ascoltate?'»* Gesù aveva compiuto solo opere buone, ma dato che c'era la potenza di Dio in tutto ciò che faceva, veniva condannato come un pazzo.

Non solo, dopo aver visto che Gesù guariva un sordo e un cieco cacciando via il demone, i farisei dicevano, come descritto in Matteo 12:24: *«Costui scaccia i demoni solo per Beelzebub, il principe dei demoni.»*

Gesù scacciava i demoni grazie a Beelzebub? La ragione per cui calunniavano Gesù in questo modo era per liberarsene.

Anche l'apostolo Paolo, uomo attraverso cui la potenza di Dio veniva dimostrata, che aveva compiuto opere straordinarie, venne condannato come capo della setta dei Nazareni (Atti 24:5), e in Atti 26:24 anche lui fu additato come pazzo.

Le opere e la potenza dello Spirito Santo si manifestano attraverso di me, ed è per questo che il diavolo ha continuamente cercato di distruggermi.

Ci sono stati individui gelosi delle opere che Dio manifesta e ha manifestato attraverso di me, della rapida crescita della nostra chiesa, che hanno diffuso tante voci false sul mio conto, nel tentativo di farmi passare da eretico.

Una Chiesa Fondata su una roccia non può cadere

Dopo la trasmissione televisiva, molti erano convinti che la nostra chiesa avrebbe chiuso, e, in un certo senso, era più che naturale aspettarselo.

Nel 1999, tra l'11 e il 22 maggio, la nostra chiesa è apparsa ben 67 volte sui media, 33 volte in TV, e 34 volte in radio. L'MBC, inoltre, dopo gli incidenti presso gli studi, non risparmiava condanne sul nostro conto, ed era abbastanza evidente, quindi, che anche i loro telespettatori la pensassero in quel modo.

Ma una chiesa costruita sulla roccia non può crollare, non importa quanto il potere delle tenebre tenti di abbatterla. Una chiesa istituita da Dio, è tenuta salda dalla sua potente mano destra.

Quando Gesù entrò nella città di Gerusalemme, gli israeliti lo accolsero gridando osanna, la stessa gente che poche ore dopo, improvvisamente si trasformò nella folla che gridava crocifiggilo.

Gesù fu tradito da uno dei suoi discepoli, da uno che egli amava e che aveva ammaestrato. Quando Gesù fu arrestato, tutti i suoi discepoli fuggirono. Come si deve essere sentito il Signore nel vedere i discepoli scappare, preoccupati solo ognuno per sé?

Di certo può aver provato pena per loro, ma non li ha odiati. Hanno agito ingiustamente, manifestando le opere della carne, peccati molto gravi, molto difficili da perdonare, ciononostante, ha continuato a perdonarli senza mai rivelare le loro colpe.

Quelli che hanno complottato per distruggermi, avevano finto di essere pecore buone, ma di nascosto, hanno cercato di distruggere me e la chiesa. Da parte mia, ho odiato il loro peccato, ma mai ho avuto odio contro di loro. Ho solo pregato per loro, con cordoglio e lacrime, implorando Dio che nessuno di loro cadesse nella distruzione eterna, ma che si pentissero e tornassero indietro per ricevere la salvezza.

Passando attraverso questa serie di incidenti, iniziai a comprendere come dovesse essere il cuore di Dio quando il suo amato arcangelo Lucifero divenne arrogante e lo tradì, o il cuore di Gesù, quando Giuda Iscariota lo consegnò ai farisei. Il danno e il dolore sono difficilissimi da sopportare anche quando un fidanzato o una fidanzata tradisce e se ne va, immaginate questo!

Gesù disse: *«Ciò che è nato dalla carne è carne e quel che è nato dallo Spirito è Spirito»* (Giovanni 3:6). Non possiamo fidarci della carne in quanto è volubile, cambia. Quando abbiamo gettato via la carne – la falsità – dal nostro cuore, e abbiamo fatto posto allo spirito – la verità –, la nostra fede sarà perfetta. Passando attraverso queste tre prove, dal 1998 al 1999, ho avuto più tempo per meditare su Gesù che silenziosamente è salito al Golgotha e ha portato la croce.

Non ha mai supplicato di essere innocente o di essere stato ingiustamente accusato. Ha portato su di sé dolore e sofferenza inenarrabili solo per adempiere la provvidenza di Dio. In misura molto piccola, ho iniziato a comprendere, quanto siano profonde l'obbedienza e l'amore del Signore!

Capitolo 4

Desidero solo soddisfare la volontà di Dio

Dal momento in cui ho ricevuto la grazia

Prima di conoscere Dio, ero rimasto su un letto di dolore per ben 7 anni. Su invito di mia sorella, risposi alla chiamata all'altare di Shinae Hyun. Fu il giorno in cui la mia vita cambiò. Passai in un attimo da una vita di inferno al cielo.

Quel giorno vedevo e sentivo gente che pregava a Dio, alcuni gridavano, altri piangevano. Io ero solo molto imbarazzato perché non sapevo pregare, ma, mi inginocchiai comunque. Il fuoco dello Spirito Santo di Dio mi guarì immediatamente. La mia famiglia mi aveva soprannominato Ospedale Ambulante, ma in un attimo sono stato guarito da tutte le mie malattie. Tutte. Ero un uomo completamente sano!

Ero guarito, certo non per il potere personale della diaconessa Shinae Hyun, ma lei aveva pregato per me, ed io ero guarito! Ogni volta che partecipo ad una riunione di risveglio parlo di come ho incontrato il mio Dio, di come mi ha toccato e guarito.

La diaconessa Shinae Hyun ora è con il Signore, ma finché era in vita, ti tanto in tanto ci faceva visita in chiesa. Da molto anziana era su una sedia a rotelle. In più occasioni mi ha chiesto di aiutarla e io l'ho sempre fatto. A volte questo mi ha causato dei problemi a vario titolo, ma io non mi sono mai rifiutato, facendo davvero il mio meglio per starle vicino quando ne ha avuto bisogno.

Sin dai miei primi giorni da nuovo credente fino a quando ho aperto la chiesa, ho servito e dimostrato la mia gratitudine verso pastori e anziani attraverso il servizio. Inoltre, ci tengo a precisare che sarò per sempre grato al pastore Taekgu Son, che era uno dei miei professori in seminario e anche l'allora presidente delle chiese Jesus' Holiness United Church. Non riesco a fargli visita ora come ora a causa dei numerosi impegni, ma ho sempre mandato mia moglie e i miei collaboratori a portargli i miei saluti nella sua chiesa, almeno una volta l'anno.

È importante ripagare la grazia che riceviamo dalle altre persone. Ancora più importante, dobbiamo essere grati per la grazia di Dio. Come e con cosa potremmo mai ripagare l'amore di Dio e la sua grazia?

Dio dice che Egli ama coloro che lo amano e quelli che lo cercano Lo trovano (Proverbi 8:17). Ho cercato in ogni modo di praticare questo versetto, ho amato Dio più di ogni altra cosa, e l'ho cercato fino a trovarlo.

Poiché Dio è Luce, per incontrarlo, dobbiamo andare verso la luce. Poiché Egli è bontà, dobbiamo agire nel bene. Poiché Egli è amore, si compiacerà in noi quando abbiamo l'amore spirituale. Amare Dio è osservare i Suoi comandamenti, e nella misura in cui si pratica la sua parola, saremo amati da Lui.

Come un cervo è assetato di acqua, io avevo una sete immensa di capire la parola di Dio nel profondo del mio cuore, per obbedire. Sono sempre stato profondamente pervaso da un senso di dovere e responsabilità verso il regno di Dio e la sua giustizia.

Potenza su potenza

Dopo aver superato queste tre prove con fede, obbedienza e amore, Dio mi ha condotto a livelli più profondi della sua potenza. Per me sarebbe stato più facile dare via la vita piuttosto che passare attraverso queste tre prove.

Abramo divenne il padre della fede, superando il test dell'obbedienza quando si dimostrò pronto a sacrificare il suo unico figlio, Isacco. Allo stesso modo, Dio si compiacque di me quando superai queste tre prove e mi benedisse con maggiore potenza rispetto a prima.

In Giovanni 14:12 Gesù disse: *«In verità, in verità vi dico che chi crede in me farà anch'egli le opere che faccio io; e ne farà di maggiori, perché io me ne vado al Padre.»* Ciò significa che quando viviamo pienamente secondo la Parola, siamo uno in spirito con Dio Padre, e quindi, anche in grado di eseguire le opere potenti che Gesù ha manifestato.

«Dio ha parlato una volta, due volte ho udito questo: che

il potere appartiene a Dio.» (Salmo 62:11). Come ho più volte dichiarato, il diavolo, non può operare con il potere che appartiene solo a Dio. In qualità di essere spirituali, il nemico può incitare gli uomini contro Dio, ma non può neanche lontanamente imitare la sua potenza. Il potere di controllare la vita, la morte, la fortuna e la sfortuna degli uomini, il potere di dirigere la storia umana e di creare le cose dal nulla è il potere che appartiene esclusivamente a Dio. Questa potenza, però, può essere manifestata anche da coloro che Gli appartengono, che vivono nella sua luce, che si sono santificati, e che hanno raggiunto la misura della fede di Gesù Cristo.

La differenza tra Autorità, potenza e potere autorevole

Generalmente quando parlo della potenza di Dio, di solito uso il termine autorità, in quanto potenza e potere autorevole hanno quasi lo stesso significato. La potenza è fare cose che sono impossibili agli uomini ma possibili a Dio.

L'autorità è la forza degna e gloriosa assegnata da Dio. Nel regno spirituale, non avere il peccato equivale a forza. Pertanto, possiamo dire che l'autorità è la santità. Quei figli di Dio che si liberano dal male e dalla falsità dal loro cuore e si santificano, ricevono autorità spirituale.

Ora, cosa intendo per potere autorevole? La potenza di Dio accompagnata dall'autorità che è data a coloro che si sono santificati, liberandosi di ogni male e dal peccato. In pratica, potere e autorità insieme. Per semplicità, quando mi riferisco al potere autorevole, di solito dico solo «potere.» Questo potere autorevole scaccia via i demoni impuri, guarisce tutte le malattie e tutte le infermità.

Le infermità non sono semplici malattie. Se parlo di infermità mi riferisco a paralisi o a degenerazioni delle funzioni vitali, tutte quelle condizioni che impediscono a una persona di partecipare alle normali attività della vita. Le infermità sono, in pratica, circostanze fisiche permanenti che non possono essere guarite dall'uomo, come cecità, sordità, mutismo e certe paralisi.

Differenza tra dono di guarigione e potere

Si tende a pensare che il dono di guarigione e il potere di Dio siano la stessa cosa. In realtà sono due cose molto diverse. Il dono della guarigione, come definito in 1 Corinzi 12:9, è quell'intervento di risanamento che brucia via germi e malattie.

Il dono di guarigione, però, non è sufficiente per guarire una parte degenerata del corpo, per ripristinare l'udito perso, o l'utilizzo della voce a chi non può più parlare a causa delle corde vocali che sono morte. Queste condizioni possono essere ristabilite solo quando una persona che ha ricevuto il potere di Dio, prega con fede.

Una volta ricevuta la potenza di Dio, questa opererà in modo continuo, a differenza del dono di guarigione. Il dono di guarigione è dato indipendentemente dal fatto che la persona che riceve il dono si sia santificata o meno. Viene elargito a coloro che hanno accumulato molta preghiera, che amano incondizionatamente i perduti, oppure a quei credenti dall'animo molto coraggioso che possono essere usati da Dio.

Ma la potenza di Dio, che è la luce, può essere data solo a chi si è santificato, anche perché una volta ricevuta, non diventerà più debole e non scomparirà. Quanto più il nostro cuore è simile a quello del Signore, maggiore la potenza che riceveremo, maggiori saranno le opere che compiremo.

Con solo il dono della guarigione, non è facile che malattie molto gravi o rare vengano guarite. Ed è ancora più difficile quando il malato ha poca fede. Ma con la potenza di Dio, se il malato presenta anche solo un po' di fede, sarà immediatamente guarito. La fede di cui parlo non è la fede intellettuale, ma la fede spirituale.

I quattro livelli di potenza di Dio che è Luce

Dio mi fece capire che la sua potenza ha diversi livelli. Siamo in grado di agire all'interno dei vari livelli della sua potenza in base alla quantità di verità che viene coltivata nei nostri cuori.

«Ma per voi che avete timore del mio nome spunterà il sole della giustizia, la guarigione sarà nelle sue ali; voi uscirete e salterete, come vitelli fatti uscire dalla stalla.» (Malachia 4:2).

Coloro che hanno avuto gli occhi spirituali aperti, sono in grado di vedere la potenza guaritrice, e dicono che sia simile a dei raggi laser potenti e mirati.

Il primo livello della potenza di Dio è la potenza associata a una luce rossa. È la luce del fuoco dello Spirito Santo con cui vengono bruciate le malattie. Questo livello di potenza brucia malattie che sono causate da germi e virus. Con questo potere, cancro, tubercolosi polmonari, diabete, leucemia, malattie cardiache, artrite, aids e altre malattie incurabili possono essere guarite.

Ma il primo livello del potere non può guarire tutte le malattie. In caso di cancro all'ultimo stadio o di tubercolosi polmonare, se il paziente supera la linea della vita nel corpo impostata da Dio, è difficile curare la sua condizione con il primo livello di potere. Quando gli organi del corpo o i tessuti sono danneggiati e hanno perso la loro capacità funzionale, non è più una questione solo di germi. Il corpo, a quel punto, deve formare e rigenerare nuovi tessuti e nuovi organi. Per fare questo abbiamo bisogno di un livello di potenza maggiore.

Ma anche in questo caso, se i membri del malato e la famiglia sono uniti con amore e mostrano la loro fede, Dio opererà. Nella nostra chiesa molte opere di queste tipo si sono manifestate soprattutto durante i primi anni.

Il secondo livello del potere è quello di scacciare le tenebre ed è spesso visto dagli occhi spirituali sotto forma di una luce blu. A questo livello, di solito possiamo scacciare l'oscurità da chi è indemoniato e compie le opere di Satana.

Questo secondo livello di potere può anche guarire disturbi mentali o problemi del sistema nervoso tra cui l'autismo, nevrosi, schizofrenia, esaurimento, e stanchezza cronica mentale e fisica, causate dalla depressione. Questo tipo di malattie in genere si riscontrano tra coloro che nutrono sentimenti di odio intenso verso altri, coloro che hanno represso dei cattivi sentimenti, oppure bassa stima di sé o un temperamento iracondo.

Così, con il potere del secondo livello, molti tipi di malattie che sono causati dalle tenebre vengono guarite. Inoltre, il potere delle tenebre se ne andrà da famiglie, aziende e luoghi di lavoro.

In questo ambito possono essere anche riportati in vita i morti o comandare allo spirito dell'uomo di ritornare nel corpo.

L'apostolo Paolo riporta in vita Eutico (Atti 20:9-12). Quando dopo che avevano truffato lo Spirito Santo, Pietro maledice Anania e Saffira, la Bibbia dice che caddero come morti (Atti 5:1-11). Quando Eliseo maledisse i ragazzini che lo avevano deriso, due orse sono apparse e ne uccisero diversi (2 Re 2:23-24). Queste azioni sono state eseguite al secondo livello della potenza di Dio.

Il terzo livello di potenza appare sotto forma di luce bianca o trasparente. Essa si manifesta con segni e opere che agiscono sulla creazione. Un segno è qualcosa che si vede chiaramente, a occhio nudo, come nel caso dei ciechi che recuperano la vista, dei muti che parlano o dei sordi che sentono.

Anche gli zoppi camminano e la paralisi vengono annullate. Deformità, disabilità, o parti del corpo completamente degenerate, organi morti che si rigenerano, ossa rotte che si riparano e quelle mancanti che ricrescono. Ecco cosa intendo con segni visibili.

Il quarto livello di potenza si manifesta con luce dorata, ed è il livello di perfezione. Vediamo questo livello di potere manifestato da Gesù. Questo è livello che opera un cambiamento nelle condizioni atmosferiche, quelle che la Bibbia chiama meraviglie. Vale a dire, far venire la pioggia o farla cessare, spostare le nubi, o gestire tutte gli elementi del creato.

Anche le cose prive di vita, gli oggetti inanimati, obbediscono ai comandi del quarto livello di potere. L'avvelenamento da monossido di carbonio esce da coloro che sono stati avvelenati, le bruciature vanno via dai gli ustionati. Quando Gesù maledisse il fico che non portava frutto, questo si seccò immediatamente (Matteo 21:19). Quando Egli sgridò il vento e il mare, immediatamente si fece calma (Matteo 8:26).

Gli alberi, il vento e il mare, e ogni cosa in natura, tutto obbedisce alla parola comandata da Gesù. Proprio come Dio creò il cielo e la terra con la sua parola, quando Gesù parla, le cose gli obbediscono. Ciò che Lui dice si trasforma in realtà.

Se abbiamo la fede perfetta descritta da Ebrei 11:1, la sostanza delle cose sperate diverrà realtà e le cose invisibili diverranno visibili. Questo è il potere di creare dal nulla.

Questo potere trascende i limiti del tempo e dello spazio, agisce semplicemente con la parola. Dio desidera dare questo potere a tutti i suoi figli perché li ama, ma è una rarità trovare una persona che raggiunge questo livello.

In Marco 7:24-30, una donna che aveva la figlia indemoniata

andò da Gesù e gli chiese di scacciare il demonio dalla bimba. Gesù, vedendo la sua umiltà e la sua fede le disse: «*Per questa parola, va', il demonio è uscito da tua figlia*» (v. 29). Immediatamente la figlia guarì e quando la donna tornò a casa, il demone aveva già lasciato la ragazzina.

Gesù non si recò fisicamente nel luogo dove si trovava il malato, perché al suo comando, la potenza di Dio che va al di là del tempo e dello spazio, si manifesta.

Opere Straordinarie

In Atti 19:11-12 si legge: «*Dio intanto faceva miracoli straordinari per mezzo di Paolo; al punto che si mettevano sopra i malati dei fazzoletti e dei grembiuli che erano stati sul suo corpo, e le malattie scomparivano e gli spiriti maligni uscivano.*»

Proprio come Dio ha mostrato dei miracoli straordinari attraverso l'apostolo Paolo, Egli ha manifestato tali opere anche attraverso di me. Esattamente come nel caso di Paolo descritto in questi versi, il potere della luce è contenuto nei fazzoletti su cui io prego, e quando dei credenti pregano sui malati con questi con questi quadratini di tessuto, e la fede, avvengono guarigioni. Nella nostra chiesa, molti dei pastori e dei collaboratori manifestano le opere di guarigione attraverso la preghiera con i fazzoletti, sia in Corea sia all'estero.

A questo livello di potenza, le malattie sono guarite e il potere delle tenebre sparisce per la potenza di Dio che sorpassa tutti i limiti di tempo e di spazio. Al quarto livello, l'universo obbedisce. Nella luce dorata del quarto livello della potenza di Dio tutte le opere appartenenti al primo terzo, secondo, e il livello 4 di potenza possono essere manifestate.

La storia di una ragazza pakistana di nome Cynthia

Il Reverendo John Wilson Gil, in Pakistan, aveva una figlia giovane di nome Cynthia. Nel luglio 1999, improvvisamente, iniziò a vomitare, anche sangue, e forte dissenteria la colpì. Fu ricoverata presso l'ospedale Rasheed di Lahore. Aveva bisogno di sottoporsi a intervento chirurgico di emergenza allo stomaco, immediatamente, ma il suo corpo era troppo debole per sopportare l'operazione.

Era affetta da celiachia con ostruzione del colon.

A quel tempo, la sorella maggiore di Cynthia, Maria, venne in Corea e mi portò la sua foto perché io pregassi per lei. Era il 23 luglio 1999. Pregai intensamente sulla foto di Cynthia. In quel momento, Cynthia sentì che qualcosa stava cambiando e che il suo stomaco, per la prima volta in 10 giorni, cominciava a funzionare regolarmente. Ebbe un recupero rapido e già dal giorno successivo alla preghiera fu in grado di stare seduta. Tre giorni dopo la preghiera fu dimessa e a distanza di una settimana godeva di ottima salute.

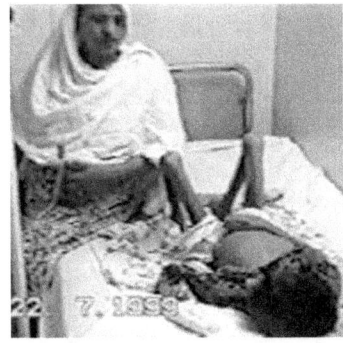

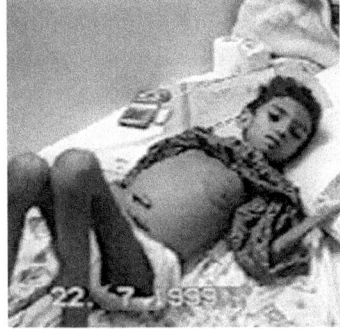

Cynthia in Ospedale (22 luglio 1999)   Cynthia guarita (2007)

Preghiera sulla foto di Cynthia

Il potere massimo, quello della creazione

Esiste un potere che sorpassa tutti i livelli fin qui descritti. È il potere che appartiene solo a Dio Creatore, il potere dell'origine, di quando Dio disse: «Sia la luce,» e la luce fu. Questo è il potere attraverso il quale tutto si compie al suo comando.

Quando Dio comanda a un cieco di aprire gli occhi, i suoi occhi si aprono. Quando Dio comanda a uno zoppo di camminare, lui camminerà. Le opere che Gesù ha mostrato si manifestavano attraverso l'altissimo potere della creazione che supera tutti e quattro livelli sopra descritti: è il potere che il Creatore ha espresso al momento della creazione.

Questo non è un livello in cui una creatura riceve il potere da Dio e manifesta delle opere. Questo è il potere che proviene dalla luce originaria che Dio possedeva quando era solo, prima ancora che la creazione avesse luogo.

Nel Vangelo di Giovanni al capitolo 11, leggiamo di Lazzaro, che era morto da quattro giorni e la cui salma già puzzava, che è stato riportato in vita al grido di: «Lazzaro, vieni fuori!»

Quando un uomo getta via ogni forma di male, si santifica, diviene un uomo spirituale il cui cuore somiglia a quello di Dio e acquisisce la conoscenza spirituale senza limiti, può agire al livello di potere che supera tutti gli altri.

L'altissimo potere della creazione è la potenza di Dio che crea tutte le cose solo con la Parola.

Il nuovo millennio inizia con un grande segno

Nel 2000, Dio parlò al mio cuore e mi chiese di offrire di nuovo una preghiera votiva. Lo avevo già fatto altre volte. Sapevo che Dio voleva che mi concentrassi intensamente sulla preghiera, che pregassi da solo in montagna senza contatti di nessun genere.

A quel tempo, in realtà, avevo molti pensieri per via delle finanze della chiesa e per altre ragioni, così mi era molto difficile focalizzarmi e concentrarmi nella preghiera. Se non avessi continuato a comunicare con Dio, avrei di certo avuto dei seri problemi a causa dello stress eccessivo.

Durante la sua vita sulla terra, anche Gesù ha pregato ogni volta che ha potuto, ogni volta che aveva del tempo. Anche se Gesù è la potenza di Dio stesso, poiché aveva un corpo umano, doveva essere costantemente riempito di Spirito Santo attraverso la preghiera per dimostrare la completa potenza di Dio.

Così, a cominciare dal 21 febbraio, ho offerto una preghiera votiva intensa per 10 giorni. Sono andato in montagna, dormivo un paio d'ore e mangiavo due volte al giorno, un pasto frugale, semplice, quindi 10 minuti erano più che sufficienti per terminare. Con l'eccezione di questi tempi, pregavo in ginocchio tutto il giorno e quando non pregavo leggevo la Bibbia.

«Come posso ricevere più potenza, far conoscere Dio Creatore, e salvare anche una sola anima in più? Come posso fare conoscere Gesù, nostro Salvatore? Come posso far conoscere la realtà del paradiso e dell'inferno e portare le persone ad accettare il Signore? Come faccio a evangelizzare il mondo?»

Questa era la mia preghiera. Il mio unico desiderio era l'avanzamento del regno di Dio e la Sua giustizia. Dopo questo periodo di preghiera provavo un po' di vergogna davanti a Dio ed ero agitato.

Ho pregato con tutto me stesso, anche se sapevo che la mia preghiera era lontanissima da quella di Gesù nel Getsemani, quando il suo sudore diventò gocce di sangue. Per questo ero molto rammaricato. Ciononostante, Dio Padre era compiaciuto della mia preghiera e al mio ritorno mi fece un grande regalo.

Il segno: acqua amara che diventa acqua dolce

Situata al numero 153 nel villaggio di Chun-Jang, Heje myeon, nella contea di Muan Gun, nella provincia di Cheonnam, c'è la Chiesa Manmin Muan. Questa piccola striscia di terra adesso è collegata alla terraferma, ma in origine era un'isola chiamata 'Jookdo.' C'era un edificio per campeggi estivi giovanili in disuso e la chiesa di Muan pensò di acquistarlo per adibirlo a santuario. Pensate, si trova a soli cinque minuti dal villaggio dove ho passato tutta la mia infanzia.

La chiesa Manmin di Muan si trasferì in questo luogo nel

febbraio 1999. In breve tempo scoprirono che nel luogo non c'era acqua potabile. Dal pozzo, infatti, usciva solo acqua marina, che poteva essere utilizzata solo per scopi industriali o abitativi.

Il pensiero ricorrente del pastore della chiesa, Myeongsool Kim, era proprio quello di avere dell'acqua fresca potabile da utilizzare, e non di doverla prendere a 3 km di distanza e portarla nell'edificio attraverso tubature che puntualmente, soprattutto d'inverno, si rompevano.

Dio è lo stesso ieri e oggi

Il pastore della chiesa, Myeongsool Kim sapeva che nel libro dell'Esodo, Dio aveva trasformato l'acqua amara di Mara in acqua dolce. Era convinto che se avessi pregato sull'acqua marina questa si sarebbe trasformata in acqua potabile.

Esodo 15:23-25: «*Quando giunsero a Mara, non potevano bere l'acqua di Mara, perché era amara; perciò quel luogo fu chiamato Mara. Allora il popolo mormorò contro Mosè, dicendo: 'Che berremo?' Egli gridò al Signore e il Signore gli mostrò un legno. Mosè lo gettò nell'acqua, e l'acqua divenne dolce. È lì che il Signore diede al popolo una legge e una prescrizione, e lo mise alla prova.*»

Questo evento ha avuto luogo all'incirca 3.500 anni fa, quando gli Israeliti attraversarono il Mar Rosso. Erano alla ricerca di acqua nel deserto di Shur, ma non trovando l'acqua fresca da bere, iniziarono a lamentarsi contro Mosè. Quando Mosè pregò Dio, l'acqua amara fu trasformata in acqua potabile, fresca e dolce.

Fu così che il pastore e i membri della Chiesa mi hanno chiesto di visitarli, per pregare per loro e per la fonte d'acqua. Avevano fede che l'acqua salata del mare poteva essere

Pozzo dell'acqua dolce di Muan

trasformata in acqua dolce.

Durante la mia prima sessione di preghiera in montagna, ho pregato in particolare per la chiesa Manmin di Muan. In seguito mi hanno riferito che proprio durante i dieci giorni della mia preghiera, erano stati visti arcobaleni circolari sopra la chiesa, sia di giorno che di notte. Più tardi venni a sapere che i membri di quella chiesa stavano digiunando e pregando per me durante il periodo in cui ero alla montagna in preghiera.

Quando sono tornato dalla montagna, era un venerdì, il 4 marzo, e come di consueto, abbiamo avuto la veglia di preghiera notturna. Il pastore Myeongsool Kim mi portò le richieste di preghiera, e tra tutte spiccavano proprio quelle della chiesa di Muan. Sapevo che stavano vivendo un momento difficile e quindi pregai anche per la questione dell'acqua. Dio ascoltò questa preghiera, che trascende il tempo e lo spazio, e manifestò la sua opera presso il pozzo di Muan che si trovava a diverse centinaia di chilometri di distanza.

Il giorno dopo, quando il pastore Kim e gli altri fratelli si recarono al pozzo per controllare l'acqua, scoprirono che da salata e amara era diventata dolce e potabile!

«Pastore, un miracolo, è successo un miracolo! L'acqua salata è diventata acqua dolce. L'acqua del mare ora è diventata dolce e potabile!»

Il pastore Kim mi chiamò per darmi questa notizia e mentre parlavo con lui potevo sentire l'entusiasmo e la felicità di tutti gli altri membri della chiesa di Muan.

Guarigioni attraverso l'acqua dolce

L'acqua del pozzo, ora dolce e potabile, è debolmente alcalina e ricca di minerali. Non era solo potabile, ma aveva anche delle qualità guaritrici. Alcuni coreani hanno un piccolo disturbo agli occhi, non hanno la piega della pelle della palpebra superiore. Quelli che, con fede, si sciacquavano gli occhi con l'acqua guarivano immediatamente, si formava lo strato mancante delle palpebre! Molte persone sono state guarite da problemi allo stomaco e anche ai disturbi della pelle.

Il pastore Sungchil Lee, della nostra chiesa a Seoul, ha portato tutti e tre i suoi tre figli a Muan, perché tutti e tre avevano questo disturbo alle palpebre e a tutti e tre si sono riformate dopo la preghiera e l'aspersione dell'acqua. Abbiamo sentito testimonianze simili anche in altri paesi.

I pesci d'acqua dolce non possono vivere in acque marine e pesci di mare non possono vivere in acque dolci, eppure, queste due specie convivono nell'acqua dolce di Muan

Il pozzo della chiesa di Muan è collegato alla sorgente attraverso delle tubature. Alcuni dei credenti i cui occhi spirituali sono stati aperti, hanno raccontato di vedere dei raggi di luce provenire direttamente dal trono di Dio che circondano la parte inferiore delle tubature.

Quando l'acqua salata del mare passa attraverso quelle luci, si trasforma in acqua dolce. Non solo dalla Corea, ma anche molte persone provenienti da altri paesi hanno visitato questo luogo, e molti hanno testimoniato di vedere le tubature circondate dalla luce con i loro occhi spirituali.

Il 29 marzo 2000, la diaconessa Hyeonju Oh stava prendendo dell'acqua bollente da una grande pentola di ferro. Per caso, l'acqua bollente le cadde sul ginocchio e sulla spalla.

Era gravemente ustionata sul petto e sulla parte posteriore del collo. Immediatamente chiamò la segreteria telefonica per la preghiera per i malati con fede, e in breve tempo sentì che il calore se ne andava, e, quando hanno iniziato ad apparire le vesciche ha applicato l'acqua di Muan e sono scomparse.

Dopo tre giorni, ha ricevuto la mia preghiera. In una settimana le croste sulle ustioni sono cadute, la sua pelle è diventata liscia e chiara e in breve si è ristabilita senza danni collaterali.

Anche gli animali sono stati riportati in vita attraverso l'acqua dolce di Muan

Quanto mi accingo a raccontare è accaduto presso la casa di preghiera chiamata Galilea dove mi ero recato per pregare. Era maggio del 2003. Un palombo stava giocando vicino ad un pastore tedesco, il cane abbaiava ma l'uccello non aveva paura. Nel vedere questa scena ero piuttosto preoccupato, mi chiedevo perché l'uccellino giocasse così vicino al cane, che era sì legato, ma era evidente che se il palombo fosse stato vicino, l'avrebbe morso. Questa storia andò avanti per un paio d'ore finché il cane mi sembrò sfinito di abbaiare in quel modo.

Più tardi, il custode della casa di preghiera mi raccontò una storia interessante. Alcuni giorni prima, una palomba era atterrata nel cortile sbattendo, e facendo fatica a rialzarsi sbatteva forte le ali. Quando lui vide l'uccello, aveva già perso molte piume, e stava morendo. Sembrava quasi che l'uccello avesse ingerito un qualche tipo di veleno.

Voleva salvare la colomba e così pregò. Le diede anche un po' di acqua dolce di Muan, e dopo qualche minuto, si riprese e volò via.

A partire dal giorno successivo, questa colomba visitava il cortile tutte le mattine, si fermava a giocare tra gli alberi e a volte portava con sé anche altri uccellini e si fermavano a giocare lì.

Questa storia mi colpì molto, perché rimasi impressionato dal comprendere che anche un uccellino sa riconoscere la grazia. Di certo sulla montagna da dove veniva aveva molti più amici, eppure continuava a ritornare, anche da solo.

Chiesi quindi al custode di assicurarsi che ci fosse sempre abbastanza cibo per lei e per gli altri colombi ogni giorno.

Jindol ritornò dalla soglia della morte, dopo diciotto giorni

Abbiamo un cane di razza jindo, che abbiamo chiamato 'Jindol.' Il custode lo libera dal guinzaglio una volta al giorno, quando Jindo si fa un giro di circa mezz'ora, va in collina e ritorna. Un giorno però, era un giorno di neve, Jindol scomparve. Lo abbiamo cercato dappertutto ma non si trovava da nessuna parte.

Ogni giorno, per 18 giorni lo abbiamo cercato ovunque, stavamo quasi per rinunciare, quando lo vedemmo ritornare. Aveva un filo metallico avvolto intorno al collo ed era gravemente ferito. Era rimasto incastrato in una trappola per animali in montagna e doveva aver sofferto terribilmente perché il filo metallico si era infilzato nell'osso del suo collo. Era pelle e ossa, glabro sul collo e, da quanto si era divincolato nel fango per liberarsi, sembrava una maschera. I nostri collaboratori hanno iniziato a lavarlo con acqua dolce di Muan sul collo, continuamente. Gli hanno cucinato del buon pesce e si sono presi molta cura di lui. Ero molto dispiaciuto di vedere il nostro cane in quelle condizioni ed ho pregato per lui.

Di solito, non gli piacevo molto, lo incontravo solo quando venivamo alla casa di preghiera, e si faceva dare giusto due carezze, e non mi faceva le feste per accogliermi. Non aveva proprio un carattere espansivo, tanto che non faceva le feste neanche alla persona che gli dava da mangiare ogni giorno.

Dopo essersi ripreso da questo incidente, Jindol è cambiato completamente. Non appena sentiva il suono della mia macchina, mi veniva incontro scodinzolando a festa, ed ora è molto affezionato a chi gli dà da mangiare ed è amato da tutti.

Proprio come gli uomini con le prove diventano più maturi, Jindol sembrava aver capito il valore della sua casa ed era riconoscente per i suoi padroni. Dopo aver sperimentato che poteva anche morire se avesse lasciato il suo padrone, si trasformò in un bel cane che segue il suo padrone da vicino.

Approvazione della FDA (Food and Drug Administration)

Alcune persone avevano dei fraintendimenti circa l'acqua dolce di Muan. Recentemente una società di radiodiffusione coreana chiamato MBC ha parlato in alcune sue trasmissioni dell'acqua dolce di Muan e a causa della loro visione di parte, ci sono stati degli equivoci.

L'FDA, la «Food and Drug Administration,» è l'ente

governativo appartenente al Dipartimento di Salute e Servizi Umani degli Stati Uniti d'America che definisce, controlla e approva le norme in materia di sicurezza per gli standard di cibo, medicine, prodotti chimici, cosmetici e additivi alimentari.

L'FDA ha condotto dei test sull'acqua dolce dii Muan in cinque aree, un minerale, metalli pesanti, residui di pesticidi, irritazione cutanea e tossicità orale.

Il risultato è stato che l'acqua dolce Muan è buona da bere e sicura per il corpo umano in generale. È stato riscontrato che è particolarmente ricca di minerali utili per il corpo umano, ed è eccezionalmente ricca di calcio, in misura tre volte superiore a quella delle acque sorgive di Francia e Germania.

È stato inoltre ampiamente dimostrato che l'acqua dolce di Muan è potabile. Anche spiritualmente, quelli che credono che contiene la potenza di Dio e la bevano o la applicano sul loro corpo, ne traggono beneficio e guarigione divina.

Quelli che dicevano «Sono pieni di vino dolce.»

Dopo la risurrezione del Signore, Pietro ricevette lo Spirito Santo, dopodiché manifestò molti segni, come la guarigione dei malati e la liberazione dai demoni dei posseduti. Il popolo ebraico era geloso di lui e lo imprigionarono, insieme ad altri apostoli. Quando Paolo scacciò un demonio, fu picchiato e incarcerato.

Il giorno della Pentecoste, gli ebrei di tutte le nazioni videro che i discepoli del Signore erano pieni di Spirito Santo e parlavano in altre lingue. Erano sorpresi, ma piuttosto che ritenere fosse opera dello Spirito Santo, li deridevano dicendo che erano pieni di vino dolce.

Allo stesso modo, ci sono persone oggi che criticano l'opera dello Spirito Santo, dicendo: «...questi eventi sono frutto di misticismo, la messa in scena di qualche bravo attore...» Mi dispiaccio molto ogni volta che sento questo genere di cose.

Dio ci aveva mostrato un segno: aveva cambiato l'acqua salata in acqua dolce, dopo la mia preghiera in montagna. Mi parlò, e ci fece sapere che mi avrebbe dato una dimensione di saggezza molto più profonda dopo la prossima sessione di preghiera in montagna: la sapienza per risolvere qualsiasi tipo di problema difficile.

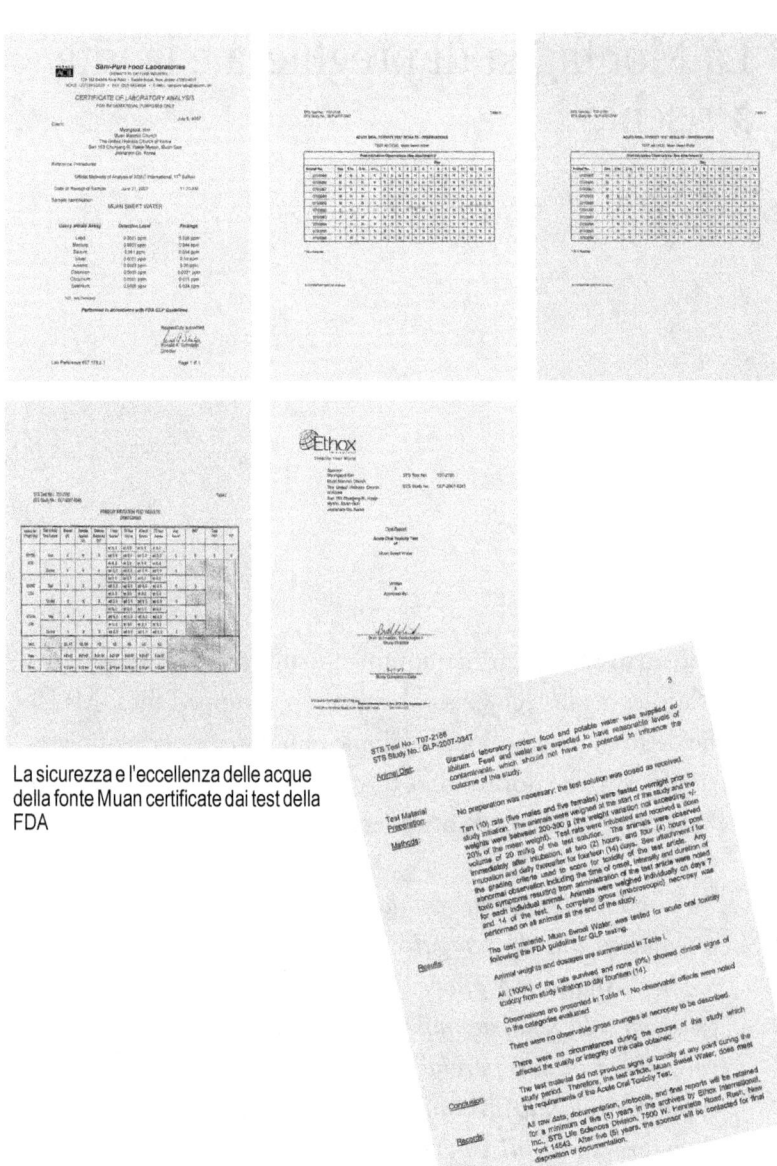

La sicurezza e l'eccellenza delle acque della fonte Muan certificate dai test della FDA

La Montagna di preghiera e la vita a rischio

Dio mi disse di recarmi nuovamente sulla montagna a pregare e di farlo come lo fece Giacobbe quando si ruppe l'anca. Mi ha anche detto di pregare come se il mio cuore stesse per scoppiare, ciò significava, che dovevo dare tutta la mia vita. Questa la parola che ho ricevuto durante la preghiera:

«*Conduci le anime rapidamente alla salvezza, fallo attraverso questo vangelo di santità. I cristiani oggi dicono 'Signore, Signore, io credo' con le labbra, ma gli manca la fede riconoscermi davvero. Se credessero veramente in me, perché fanno affidamento solo sugli ospedali quando gli succede qualcosa? Fanno finta di essere santi all'esterno, ma all'interno giudicano, condannano e calunniano gli altri. Sono sepolcri imbiancati. Come un cieco che guida un altro cieco, ci sono servi di Dio e insegnanti che stanno conducendo molte anime sulla via della morte. Rapidamente, fai presto, predica questo vangelo in tutto il mondo. Insegna a quanti più puoi come possono ricevere la salvezza. Risveglia tutte le anime del mondo!»*

Significava che ci sono poche persone che hanno la fede spirituale per ricevere la salvezza negli ultimi giorni.

Dio mi ha mostrato come pregò Mosè per ricevere i Dieci Comandamenti, senza avere nemmeno l'acqua potabile sul monte Sinai.

Il monte Sinai è privo di acqua, alberi, fiori, o il canto degli uccelli. È una montagna desertica dove si trovano solo rocce e sabbia, dove vedere una pianta è una eventualità rara. Quando Mosè andò sul Sinai a pregare era da solo. La prima volta fu accompagnato da Giosuè, ma la seconda volta dovette andarci da solo.

Era un uomo di oltre 80 anni, la malnutrizione poteva essergli fatale. I suoi abiti si erano sciupati, pregava intensamente ogni giorno sulle ginocchia tanto che erano così graffiate al punto di rivelare le ossa. Giorno e notte 40 giorni e 40 notti, incurante dei dolori, ma alla fine, ricevette la risposta di Dio: i Dieci Comandamenti.

Non è una cosa facile ricevere i comandamenti di Dio e ascoltare la Sua voce. La purezza e l'obbedienza di Mosè erano complete. Quando ho finito la terza sessione di preghiera in montagna, Dio mi disse che lo avevo fatto a rischio della mia vita, mi insegnò alcuni segreti del regno spirituale e mi parlò di alcune cose che devono succedere.

Aggrappandomi a Giovanni 14:12, ho pregato per ricevere una doppia porzione di potenza e ispirazione per compiere le opere maggiori di cui Gesù aveva parlato.

In questi ultimi tempi in cui il mondo è così pieno di peccato, la potenza di Dio e la sua chiara ispirazione sono assolutamente necessari, anche per portare alla salvezza coloro che non credono nemmeno dopo aver visto Dio all'opera, e, per abbattere gli idoli e il pensiero del darwinismo, che sono prevalenti in tutto il mondo.

Dio era contento di questa preghiera e mi ha fatto la promessa che mi avrebbe concesso ciò che gli avevo chiesto. Era il 2000, e, verso la fine di aprile, poco prima delle due settimane speciali di riunioni di risveglio che dovevano iniziare i primi di maggio, ho cominciato la quarta sessione di preghiera come avevo promesso. Dio mi ha detto di non pensare a nulla, famiglia e chiesa incluse. Ho avuto un solo pensiero: il cielo e Dio Padre, sia di giorno sia di notte.

Ho anche guardato spesso le nubi e il sole durante il giorno e la luna e le stelle di notte, e questo mi ha fatto conoscere meglio l'amore e la provvidenza di Dio. Dio mi ha insegnato molti segreti del regno spirituale, cose profonde del regno celeste e anche sugli spiriti maligni che controllano l'inferno.

Quando i quattro momenti di preghiera speciali finirono, Dio paragonò il potere che sarebbe stato manifestato alle cascate Iguaçu. Dio avrebbe risposto a tutti i credenti, anche solo con una piccola fede. Nel corso delle riunioni di risveglio di maggio, non ho imposto la mano su ciascuno dei malati, ma ho pregato per tutti loro dal pulpito.

Ho pregato una volta sola e varie malattie sono state guarite immediatamente: alcuni hanno recuperato la vista e altri si sono alzati dalla sedia a rotelle. Potevo solo rendere grazie al Signore di tutto questo.

Non distruggere le ricompense conservate in cielo

Il 2 giugno del 2000, prima di andare alla veglia di preghiera del venerdì, sono andato a visitare l'anziano Jongkyoo Lee. Stava molto male, ma nel momento in cui l'ho visto ho capito che dovevo pregare per la sua salvezza, non per la sua guarigione. Era terrorizzato da qualcosa ma non poteva parlare.

Attraverso l'ispirazione dello Spirito Santo ho visto che gli angeli e gli spiriti maligni stavano lottando per la sua anima. Ciò significava che era difficile per lui per essere salvato in quella situazione. Il diavolo lo accusava davanti a Dio in modo che potesse portarlo all'inferno.

Ho capito la gravità della circostanza e ho pregato: «Tutti voi spiriti maligni, dominatori dell'aria, andate via! Padre, accetta il suo spirito!»

Le persone intorno a me rimasero molto sorprese e mi chiesero perché mai pregassi per la sua salvezza e non per la sua guarigione.

Uno mi disse: «Pastore, perché, l'anziano è stato il leader del gruppo di volontari per tanti anni!»

Gli risposi: «Non hai sentito la mia preghiera? È così come ho detto.»

Dopo aver ricevuto la preghiera, il volto dell'anziano irradiava serenità e lacrime scorrevano sul suo viso. Aveva finalmente guadagnato la pace in mezzo un dolore inimmaginabile. Poi, dissi alla sua famiglia di preparare il funerale. Ho anche chiesto ai collaboratori della chiesa di fare del loro meglio per la cerimonia funebre, in quanto, come si diceva, aveva lavorato come leader del gruppo dei volontari per molti anni.

Questo è stato un caso di una persona che ha lavorato per la chiesa tanti anni, ma aveva appena raggiunto la salvezza. Il giorno successivo, il 3 giugno, questo anziano venne a mancare. Dio mi mostrò che era nella tomba superiore, (nel seno di Abramo) dove le persone salvate aspettano. C'era una lunga fila, e lui, che stava in fila in mezzo agli altri, chinava la testa.

Il Signore mi disse: «*Sai perché piega la testa? Perché è stato un membro della chiesa Manmin, ha ascoltato la parola della vita che tu hai predicato per tanto tempo. È stato un anziano e il capo del gruppo dei volontari. Avrebbe dovuto dimorare in un luogo diverso del regno dei cieli, nel terzo regno o nella Nuova Gerusalemme. E invece, si è salvato per il fuoco e la sua dimora sarà solo in paradiso.*»

Ecco perché teneva la testa bassa. Poi, Dio mi ha fatto sapere che l'anziano era grato, con le lacrime, per essere stato salvato e diceva che avrebbe pregato per me, fino a quando ci saremmo rivisti.

Mi chiedevo, però, perché un lavoratore assiduo come lui si è salvato per il fuoco? Qualcosa non andava.

Ecco ciò che Dio mi fece sapere: Quando la nostra chiesa dovette affrontare le tre prove, come capo del gruppo dei volontari, l'anziano Lee avrebbe dovuto stare vicino alle persone, incoraggiarle, sostenerle, ma, nel sentire tutte quelle voci false e nel vedere anche il programma, rimase molto scosso.

Avevo spesso, e non solo in questo caso, sottolineato che i cristiani non dovrebbero vedere, ascoltare o diffondere tutto ciò che non è la verità, ma lui disobbedì. Ha ascoltato coloro che cercavano di distruggere la chiesa e il suo cuore ne rimase molto turbato.

Anche nel 1999, dopo l'incidente negli studi tv, doveva proteggere la chiesa e il pastore, ma non lo fece come avrebbe dovuto, e Dio ne rimase deluso. La ricompensa che gli era stata conservata in cielo, adesso era sparita e, nel tempo, quasi stava perdendo anche la salvezza.

A causa di questa situazione, il diavolo poteva accusarlo davanti al trono di Dio e portarselo all'inferno, sebbene ci fossero anche degli angeli che combattevano per la sua anima, cercando di portarlo in cielo. Questa condizione tra l'inferno e il cielo, proprio per lui che era stato al servizio del Signore per tanti anni, deve essere stata molto dolorosa! In questa situazione, quando ho pregato per scacciare il diavolo, il nemico, gli spiriti maligni se ne sono andati e lui è stato salvato.

Se si condanna una chiesa che Dio ama definendola eretica, se si condanna un pastore, che è amato da Dio, e lo si etichetta come fuori dottrina, calunniandolo, si bestemmia contro lo Spirito Santo. Se uno commette questo tipo di peccato, non può essere perdonato, anche se si pente. Sarà molto difficile per lui per essere salvato, e le ricompense che ha conservato verranno distrutte.

Ecco perché occorre osservare la Parola e il lavoro per la nostra salvezza con devozione e timore ogni giorno (Filippesi 2:12).

Profezia riguardo Corea del Nord

Il 13 giugno 2000, il nostro presidente, Kim Daejoong, arrivò presso l'aeroporto di Pyong-yang, in Corea del Nord. Era la prima volta che il presidente della Repubblica di Corea visitava la Corea del Nord per un summit.

Nel dicembre 1983, avevo profetizzato che la Corea del Sud avrebbe avuto contatti con il Nord nel giro di tre anni. Fu subito dopo l'attacco terroristico della Corea del Nord in Myanmar, ed i rapporti tra le due nazioni non erano mai stati così freddi. La politica del nostro governo verso la Corea del Nord era strettissima, tanto che se qualcuno affermava di non essere d'accordo, significava violare la 'Legge di sicurezza nazionale.'

L'azione terroristica di cui sopra accadde nell'ottobre del 1983, quando l'allora presidente della Repubblica Coreana, Doohwan Chun, era in visita ufficiale all'estero. Il primo Stato che visitò fu il Myanmar, e, mentre erano in visita alla tomba di Aung San, ci fu una grande esplosione e, tra l'entourage del presidente, morirono diciassette persone e quattordici rimasero ferite.

L'attacco fu rivendicato dai sostenitori di Kim Il-sung, il leader nord-coreano in quel momento. Da quel momento in poi, i rapporti tra le due Coree, che erano già freddi, si interruppero del tutto e nessuno poteva immaginare un qualsiasi tipo di interscambio.

Dopo 3 anni, a partire dal gennaio 1987, si iniziò a vociferare di possibili colloqui politici e militari Sud-Nord e di trattative per la riduzione delle forze militari. Inoltre, durante la prima metà del 1990, profetizzai che le relazioni tra i due paesi sarebbero migliorate, e infatti, questo accadde.

Nel settembre dello stesso anno, i primi colloqui tra gli alti funzionari dei due paesi si svolsero a Seoul. Nel mese di ottobre ci fu una partita di calcio tra il Sud e il Nord, e tutti erano davvero sorpresi dalla piega inaspettata che gli eventi stavano prendendo. Da allora, ci sono stati molti scambi tra le due parti, colloqui di alta diplomazia ma anche scambi di atletica sportiva.

Subito dopo l'apertura della nostra chiesa, Dio mi rivelò che ci sarebbero stati dei vertici e dei colloqui tra il Nord e il Sud e come la situazione si sarebbe evoluta.

Il Signore mi ha anche detto che quando si inizierà a parlare di avere un presidente per il Sud e per il Nord Corea, allora, vorrà dire che il suo ritorno è molto, molto vicino. Questi avvenimenti riguardo la Corea, quindi, sono in stretta relazione con il ritorno del Signore.

Il summit ebbe luogo come profetizzato

Come Dio mi aveva fatto sapere, nel 1983, il primo vertice tra le due Coree si tenne il 15 giugno 2000. Appena prima che si sapesse di questo colloquio, il 4 giugno 2000, proclamai anche cosa sarebbe successo in relazione a questo summit:

«La Corea del Nord ha i propri interessi riguardo questi vertici. I nostri rappresentanti non devono farsi ingannare. Uno dei motivi è l'economia, certo, ma è una piccola cosa rispetto al resto. Vi esorto a pregare per questo.»

L'11 giugno, durante il servizio domenicale, ho spiegato alla chiesa quello che Dio mi aveva fatto sapere.

«Si terranno diversi vertici. Il primo colloquio sarà molto amichevole, faranno una passeggiata e ci sarà anche qualche battuta. Si discuterà di temi politici, economici e sportivi. Dal secondo colloquio, però, il nostro presidente avrà delle difficoltà a causa dei loro piani nascosti. Vi chiedo di pregare in modo da poter prevenire una grande difficoltà.»

Infatti, il 13 giugno, quando il presidente Kim Daejoong giunse a Pyong-yang, Kim Jong-il andò personalmente all'aeroporto per accoglierlo. Tutti si aspettavano che il primo approccio sarebbe stato, se non difficile, di certo almeno un po' imbarazzante.

Ma durante la visita del presidente, Kim Jong-il si mostrò molto cordiale, fecero una passeggiata e mantennero un atteggiamento molto amichevole. I coreani del sud rimasero molto sorpresi, se non affascinati. Si parlò di trauma da Kim Jong-il o di sindrome da Kim Jong-il.

Come Dio mi aveva detto, il vertice si svolse in modo molto

amichevole, e terminò con la promessa di ulteriori colloqui. Il popolo era davvero emozionato, e lo stato d'animo di tutto il paese era quello delle grandi emozioni.

Piani segreti

Dopo che il nostro presidente, Kim Daejoong, tornò dalla sua visita in Corea del Nord, sia nel servizio del 16 giugno, che durante la veglia del venerdì 18, spiegai alla congregazione quello che Dio mi aveva fatto sapere. La Corea del Nord aveva sì avuto un atteggiamento amichevole e accolto con grande calore il nostro presidente, ma le motivazioni di questo comportamento erano nei piani nascosti della Corea del Nord.

Dio mi disse che subito dopo che Kim Jong-il si congedò dal nostro presidente, aveva avuto una riunione segreta con i suoi più stretti collaboratori per pianificare una riunificazione con la forza tra le due nazioni.

I coreani del sud, ingannati dall'atteggiamento amichevole del presidente del nord, sognavano una riunificazione pacifica, mentre Kim Jong-il progettava di riunire i due paesi con la forza.

Fino a quel momento la gente del sud aveva un'immagine negativa di Kim Jong-il, ma, attraverso questo incontro, il loro pensiero verso di lui iniziò a cambiare. Significava che Kim Jong-il sarebbe riuscito nel suo intento di catturare anche le menti dei coreani del sud per soddisfare i suoi obiettivi.

Dio mi rivelò anche che la cosiddetta 'Sunshine Policy' (n.d.t. la politica della Corea del Sud in cui si prevedeva di inviare aiuti concreti alla Corea del Nord), non avrebbe portato a dei risultati buoni. Quando il Nord riceve gli aiuti, collabora solo momentaneamente, si mostra amichevole verso l'esterno, ma la realtà del paese è ben diversa da quello che fanno sembrare al mondo. Questa parola si è avverato nella realtà, e infatti, ora la Corea del nord sta preparando armi nucleari nel perseguimento dei propri piani malvagi.

Poco dopo aver aperto questa chiesa, Dio mi indicò anche che la Corea del Nord, un giorno, si sarebbe aperta e questo giorno è vicino, soprattutto attraverso la pressione degli Stati Uniti e di altri paesi.

Per quando il giorno arriverà, stiamo formando alcuni pastori e membri laici per compiere opere missionarie in Corea del Nord, anche se già sappiamo che il tempo durante il quale la Corea del Nord si aprirà sarà breve. Non appena sentiranno che il loro sistema politico è minacciato, chiuderanno la porta. Prima di fare questo, inviteranno tutti gli stranieri a lasciare il paese, così che molti missionari torneranno a casa, ma alcuni rimarranno fino alla fine per predicare il Vangelo, e, infine, diventeranno martiri.

Capitolo 5

Come l'acqua
copre il mare

L'inizio delle missioni d'oltremare in grande

Nel luglio del 1982 la nostra chiesa ha aperto i battenti, prendendo in affitto un piccolo locale di circa 70 m. quadrati. Da quel momento in poi, non abbiamo mai smesso di pregare per la missione mondiale e la costruzione del grande santuario. Questa era la visione che Dio ci aveva dato, la missione che dobbiamo compiere.

Diciassette anni dopo, alle porte del nuovo Millennio e con la provvidenza di Dio, la missione è iniziata su scala mondiale.

Nel Libro degli Atti apprendiamo della grande rinascita di Gerusalemme al tempo della chiesa primitiva. Come le persecuzioni contro la chiesa si inasprirono, i credenti furono dispersi in tutto il mondo.

Attraverso le persecuzioni, la fede dei credenti divenne più forte, segnando così l'inizio della diffusione del cristianesimo in tutto il mondo. Anche se il diavolo, il nemico, è dirompente, la volontà e la provvidenza di Dio saranno di certo compiute.

Fin dall'inizio, la nostra chiesa era piena di Spirito Santo, c'erano molti segni e prodigi, ed anche per questo, è cresciuta molto rapidamente. Ovviamente, il diavolo, il nemico, ha cercato di distruggerci.

Abbiamo superato con fede e amore ogni prova, e per questo Dio ci ha aggiunto potere. Con la crociata in Uganda nel luglio del 2000, siamo riusciti a iniziare l'azione missionaria su scala mondiale.

L'Uganda, il punto di inizio della missione mondiale

Sebbene l'Uganda venga chiamata la «Perla d'Africa,» ha un disperato bisogno della grazia di Dio. Il paese è stato devastato ed è costantemente sulla soglia di povertà, malattie e guerre civili. Statisticamente il 30% della popolazione è HIV positivo, e questa percentuale, purtroppo, è in rapida crescita.

Non solo, i cristiani in Uganda vivono in un costante stato di allerta a causa della tendenza mondiale della crescita dell'Islam.

Nel momento esatto che iniziai a predicare durante la crociata d'evangelizzazione in Uganda, mi resi conto del perché Dio mi aveva inviato in quel paese.

In aereo da Londra a Nairobi, fuori tutti potevamo notare un arcobaleno circolare straordinario. Straordinario era anche che l'aereo fosse dentro l'arcobaleno. Da quel momento in poi, ogni volta che siamo andati in missione all'estero, siamo sempre stati accompagnati dalla presenza di arcobaleni di ogni genere, circolari, normali, lineari, di ogni forma e misura.

Il 4 luglio 2000, sono arrivato con la nostra delegazione missionaria in Uganda. Diversi leader politici e religiosi sono venuti all'aeroporto per darci il benvenuto, compreso il Segretario del Presidente, il Sindaco della città di Kampala, e il signor Jehoah Nkangi, il Ministro della Giustizia. La gente del luogo ci ha accolto con entusiasmo, tutti vestiti con l'abito tradizionale, con i loro balli allegri e gli applausi.

Durante il tragitto dall'aeroporto all'hotel, molte persone ci salutavano e mi compiacqui molto di vedere tanti cartelloni pubblicitari in cui si rendeva noto alla cittadinanza che ci sarebbe stata una crociata. Non solo, fu pubblicizzata attraverso molti spot televisivi e attraverso la stampa locale. Abbiamo avuto la conferenza stampa presso l'Hotel Nile, a Kampala, e molti membri della stampa vennero, inclusa la CTV. Promisi loro che avrebbero visti ciechi recuperare la vista, zoppi camminare e molte altre opere miracolose alla gloria a Dio.

Il diavolo, Satana, il nemico, ha cercato in ogni modo di interrompere questa crociata. Attraverso alcuni missionari coreani, sono state fatte circolare molte voci false sul mio conto, alcuni contattarono anche la stampa che è sempre molto interessata a pubblicare storie.

La vera fede degli africani, però, ha reagito in un modo completamente diverso da ciò che i missionari coreani avevano previsto. Le loro opere, destinate a turbare la crociata, la hanno resa più interessante e più attesa, oltre che ampiamente pubblicizzata e meglio conosciuta. Non solo i funzionari del governo, ma anche molti addetti alla stampa vennero perché tanto si era parlato di questa crociata.

Conferenza per leader di chiesa

Il 5 e 6 luglio abbiamo tenuto una conferenza per i leader di chiesa presso la Kampala International Conference Hall. Parteciparono non solo i pastori ugandesi, ma vennero anche dal Kenya e dalla Tanzania. La sala, corridoi compresi, era stracolma di pastori ferventi. Erano migliaia.

Predicai un messaggio dal titolo «La santità di Dio.» Erano tutti molto attenti, e quando segni e prodigi di Dio si sono manifestati nel bel mezzo del messaggio, hanno dato gloria a Dio con acclamazioni e applausi.

Se parli della manifestazione delle opere di Dio, ci sono molte persone in Corea che ti guardano male, che condannano, disturbano e provocano dispute in merito a tali cose. In Uganda fu molto diverso dalla Corea, perché tutti avevano un cuore puro da ritenere la parola di Dio così com'è.

La Crociata esplode con le opere di guarigione

Dal giorno successivo, per tre giorni, la crociata fu ospitata presso lo stadio Nakivubo. Il primo giorno hanno partecipato circa 70.000 persone. La riunione iniziò con il saluto del vescovo Grivas Musisi, dopodiché ho portato il messaggio di Dio Creatore, tradotto sia in inglese sia nella lingua locale, l'ugandese, in modo che il tempo effettivo della predica originale fu solo di una ventina di minuti.

Dopo il messaggio, pregai per i malati per circa cinque minuti. Anche se fu tutto breve, molte opere di guarigione iniziarono a manifestarsi sin dal primo giorno. Avevo visto una signora sdraiata tra le prime file. Non era in grado di muoversi.

Alcune persone, penso che fossero i familiari, ogni tanto la scuotevano, ma lei restava immobile, pareva un cadavere.

Alla fine della preghiera, però, si alzò e si avvicinò al palco. Quando la gente vide quello che stava succedendo, un grido di entusiasmo pervase lo stadio.

Una ragazza con ustioni alla gamba che non le consentivano di camminare fu guarita e tornò a camminare. Una persona con una gamba più corta dell'altra iniziò a camminare correttamente. In aggiunta a queste cose, ci furono in molti che testimoniarono di essere stati guariti dall'aids, da malattie della pelle e molti altri miracoli di Dio si verificarono.

Il secondo e il terzo giorno, anche le opere più forti di Dio iniziarono a manifestarsi. Quando la gente gettava via le stampelle e veniva a testimoniare sul palco, la folla gridava in quel loro modo così unico e applaudiva. I flash dei fotografi lampeggiavano in continuazione e durante la diretta radiofonica, lo speaker incalzava con la voce ogni qual volta veniva testimoniato un miracolo.

Una persona che aveva utilizzato le stampelle per ben 14 anni le gettò via, un cieco recuperò la vista, un uomo che non era più in grado di camminare a causa del cancro, ora camminava. Un ragazzino di sei anni che non aveva mai né parlato, né camminato, davanti ai nostri occhi iniziò a parlare e a camminare.

Segnalato sulla CNN

Con le loro testimonianze di guarigione, gli applausi e un vero e proprio tifo da stadio, la folla riempì l'atmosfera di emozioni

Segnalato dalla CNN

e di entusiasmo. Alcuni sventolavano i loro fazzoletti, e altri ballavano sollevando le sedie.

La crociata fu trasmessa in diretta sulla televisione nazionale Ugandese e anche sulla WBS (World Broadcasting System). La notizia fu riportata tutti i giorni sui quattro canali nazionali e su diverse stazioni radio. Anche la CNN e un'altra emittente del Regno Unito hanno raccolto notizie su quanto stava accadendo.

«Dr. Jaerock Lee ha dimostrato di essere un uomo di Dio, mostrando i segni e i prodigi descritti da Gesù Cristo attraverso la potenza di Dio. Questi segni e questi prodigi possono venire solo da Dio.»

Anche nelle settimane successive alla crociata, la CNN ha continuato a parlare riguardo l'evento e la potenza di Dio per tre volte. Dio aveva progettato tutto in modo che le sue opere fossero conosciute anche in altri paesi. Mentre coloro che erano stati guariti testimoniavano le loro guarigioni, la fede di chi sentiva le notizie maturava vedendo le opere di Dio. Molti nei giorni successivi portarono i loro fazzoletti in modo che pregassi su di loro.

C'erano anche mucchi di lettere, richieste di preghiera e foto. Non ho avuto il tempo per pregare su ognuno di loro, e ho potuto pregare solo mucchio per mucchio in generale. I «mucchi» venivano costantemente aggiornati.

I leader della Chiesa dell'Uganda ascoltarono il messaggio puro e innegabile della potenza di Dio. Dopodiché dichiararono di aver guadagnato nuova fede e di essere stati rafforzati.

Dopo la crociata, alcuni pastori sono venuti da me e si sono pentiti, addirittura in ginocchio, per aver contribuito nel tentativo di smantellare la Crociata Uganda. Ho sentito gli organizzatori della crociata e anche loro mi hanno detto di aver ricevuto molte telefonate simili. Dal momento che avevano capito che ero un uomo di Dio e che avevano interferito con l'opera del Signore, chiedevano se c'era qualcosa che potessero fare per riparare.

Accettare le opere della potenza di Dio

Ci fu una ragazza di ventidue anni, era musulmana, che non poteva camminare a causa di una paralisi che le aveva colpito la parte inferiore del corpo, che fu guarita durante la crociata. Alcune autorità islamiche emisero un ordine di censura, in cui si vietava a chiunque di parlare di e con questa ragazza, della sua guarigione e della crociata. Lei, però, disse: «Ho frequentato la crociata e sono stata guarita, devo parlarne!»

Gli ugandesi, poveri di spirito, hanno accettato il Vangelo della santità e le opere della potenza di Dio con cuore puro. Sia pastori che i fedeli laici, se qualcuno veniva guarito intorno a loro, gioivano e applaudivano come se fosse stata la loro guarigione. Anche dopo che la crociata era finita, la folla non si disperse per molto tempo. Sono rimasto molto toccato dal cuore puro e buono di questa gente.

Una persona con i suoi occhi spirituali ci ha testimoniato di aver visto cavalli e carri di fuoco intorno alla piazza dove si teneva la crociata. (2 Re 6:17). Dio ha cacciato via le opere del diavolo il nemico attraverso di questi, infatti, «cavalli e di carri di fuoco» significava che l'esercito celeste era lì.

Dopo la crociata, una volta, mentre pregavo per il popolo dell'Uganda, Dio mi fece sapere che, sebbene questa gente sapeva cantare le lodi con tutto il cuore, non conoscevano molto della parola di Dio.

«La gente di questo paese inneggia con tutto il cuore per dare gloria a Dio. Sanno che Dio abita in mezzo alla lode, ma non sanno che Dio è nella parola. Fai loro sapere chiaramente che Dio abita nella Parola.»

La parola di Dio e le opere della sua potenza manifestate durante la crociata sono state ampiamente rese note attraverso i vari mass media, e questo ha rafforzato e unito le chiese in Uganda.

Dieci sordomuti guariti nella crociata a Nagoya

Dopo la crociata in Uganda, Dio ci ha guidato ad organizzare una crociata in Giappone. Il Giappone è un paese idolatra, in cui solo l'1% della popolazione è cristiano.

Tutto era iniziato nel 1992, quando, durante la crociata Corea-Giappone tenutasi presso la nostra chiesa a Seoul, il Signore toccò il cuore di alcuni pastori giapponesi. Volevano stabilire una comunione continua con noi, per ricevere anche sostegno missionario. Abbiamo così inviato il nostro primo missionario in Giappone nel 1994 e stabilito una chiesa succursale. Quello fu l'inizio della nostra missione nel paese del Sol Levante.

La crociata era prevista per il 14 settembre 2000, ma dal giorno 11 iniziò a piovere pesantemente a causa di un tifone. Le notizie davano la città di Nagoya per interamente allagata. Il tifone si stava dirigendo verso la Corea.

In tutto il Giappone già più di 30.000 case erano invase

dall'acqua e nella città di Nagoya furono emessi ordini di evacuazione per 17.000 persone. La città era ferma e le previsioni meteorologiche davano i momenti di pioggia più pesante a Nagoya proprio per la settimana in cui era prevista la crociata.

Ma il 13 settembre, quando arrivammo in Giappone, la pioggia si fermò e l'acqua della città drenò via in modo inaspettatamente rapido. La crociata si tenne come previsto nei giorni 14 e 15 settembre con il tipico clima autunnale. L'orchestra della nostra chiesa, la Nissi Orchestra eseguì dei brani di altissima qualità durante i servizi.

Una cosa speciale di questa crociata era che sapevamo avrebbero partecipato 13 sordomuti e, per questo, avevamo preparato dei traduttori che con il linguaggio dei segni avrebbero reso comprensibile il messaggio anche a loro.

Attraverso la preghiera, il secondo giorno, 10 di loro furono guariti in un colpo solo per la compassione di Dio. Fu così commovente vederli gioire e sentire le loro testimonianze.

Nishio Shenbiro non riusciva proprio a trattenere la sua gioia traboccante nel dirci che non aveva mai sentito, dalla nascita. Per i due anni precedenti alla crociata aveva avuto solo un fastidioso ronzio nelle orecchie, ma ora era sparito e adesso ci sentiva!

Partito per il Pakistan con lo Spirito del Martirio

In Pakistan il 97% della popolazione è musulmana. Costituzionalmente i pakistani godono della libertà di religione, ma nella realtà vivono con molti svantaggi.

Su di essi sono inflitte violenze, a volte, vengono anche uccisi, e non hanno alcun titolo per rivendicare i propri diritti. Considerato che già tra di loro i diversi gruppi di musulmani si bombardano a vicenda, che possibilità ha un cristiano di vivere tranquillo in Pakistan?

Ecco perché ero pronto al martirio. Quando ho pregato per questa crociata, Dio mi disse: «*Avverranno cose inquietanti fino al momento in cui la crociata inizierà, ma non preoccupatevi. Farò in modo che un alto funzionario vi aiuti. La crociata si svolgerà senza incidenti o disgrazie, e tu mi glorificherai molto.*»

Il 16 ottobre 2000, in volo verso Pakistan, per ben 4 volte ho visto un arcobaleno circolare fuori dal finestrino.

Ho avuto la consapevolezza che Dio, mostrandomi questa vista, mi aveva garantito, in un certo senso, che durante i 4 giorni di crociata in Pakistan avremmo visto la luce della potenza di Dio a tutti e quattro i livelli. I pastori, gli organizzatori della crociata, dei giornalisti e la stampa ci aspettavano all'aeroporto.

Cynthia, la figlia del reverendo Wilson John Gil, mi ha accolto con un mazzo di fiori. (Ho già presentato la sua testimonianza nel capitolo 3.) Era cresciuta, era diventata una donna giovane e sana.

Nella città di Lahore, c'erano molti manifesti murali che pubblicizzavano la crociata. Seppi che era stata pubblicizzata anche attraverso vari mezzi di comunicazione pubblici. Qua e là i manifesti erano stati strappati dai musulmani, e c'erano anche state delle minacce di bombardamenti.

Il 18 ottobre, gli organizzatori avevano preparato un banchetto di benvenuto presso l'Hotel Avari International. Molti alti funzionari intervennero, anche S.K. Tressler, Ministro della Cultura, Sport, Giovani e Turismo, il Ministro della Giustizia dello Stato del Punjab, e quello della giustizia, ex capo della Corte Suprema.

Prima del banchetto, accadde qualcosa di inimmaginabile. Mr. Abdula, il più alto dei leader islamici di stato del Punjab, si presentò da noi su una sedia a rotelle per ricevere la preghiera per le sue gambe.

I musulmani non sono autorizzati ad avere contatti con i cristiani. Così, per un leader musulmano, venire da me e ricevere la preghiera, doveva essere stata una decisione molto sofferta ma anche determinata. Mentre stavo pregando per lui, capii che questo era il segno che Gesù Cristo aveva già vinto la battaglia spirituale su quella crociata.

Perché in un paese islamico come il Pakistan, senza il sostegno del governo, sarebbe stato difficile terminare anche un solo giorno di crociata. Dio aveva preparato molte mani di aiuto in anticipo.

Cancelli Serrati

Erano le 9.00 del 19 ottobre, il primo giorno della conferenza dei pastori. Qualcuno venne a dirmi che tutto era stato improvvisamente annullato e sia lo stadio che la sala dove avremmo dovuto tenere la conferenza erano stati chiusi. Sapevo per certo che avevamo ottenuto tutte le autorizzazioni necessarie da parte degli uffici governativi.

Quando siamo arrivati nel luogo in cui si sarebbe dovuta tenere la crociata, dei poliziotti armati ci hanno fermato. Quando il nostro staff ha chiesto di aprire i cancelli, hanno lasciato entrare solo la mia auto e quella della mia scorta. Dopodiché, Il cancello fu chiuso di nuovo. Gli agenti di polizia, che erano armati di fucili e bombe a mano, fermavano tutti i pullman diretti allo stadio.

A causa della pressione esercitata dai musulmani sul governo, la riunione era stata annullata per motivi di sicurezza. Nello stadio c'erano anche alcuni pastori locali arrivati lì prima che le porte fossero chiuse. Lodavano e pregavano.

Col passare del tempo, gli agenti di polizia divennero più aspri verso le persone che continuavano ad arrivare sempre più numerose. C'era gente che aveva viaggiato per più di 10 o 20 ore, che veniva da luoghi lontani a cui non era permesso nemmeno di avvicinarsi allo stadio. Potevano solo sentire il suono delle lodi e delle preghiere da lontano, fuori dai cancelli.

Potevo solo pregare e invocai Dio, che mi rispose così: «*Nessuno, può disturbare questa crociata. I cancelli si apriranno a mezzogiorno!*» Così, dissi alla gente: «La conferenza avrà inizio a mezzogiorno, quindi non preoccupatevi.»

In realtà, le forze di polizia armate erano ancora lì e non c'era alcun cambiamento visibile nella situazione. Ciononostante tutto lo staff che era con me dichiarò con fede che la conferenza sarebbe cominciata a mezzogiorno.

Un aiuto preparato da Dio

Nel momento esatto in cui dichiarammo in preghiera ciò che il Signore ci aveva rivelato, i cancelli furono aperti. Era mezzogiorno e tantissime persone stavano entrando nello stadio, con dignità e con le mani in aria. Sembravano generali di ritorno dalla guerra dopo una grande vittoria.

Il Ministro S.K. Tressler, dopo aver sentito che la conferenza era stata annullata, chiamò i funzionari statali del governo e intimò loro di permettere lo svolgimento della conferenza e poi, in fretta, di recarsi anche loro allo stadio per partecipare.

Stava per partire per Islamabad e avendo sentito questa notizia rinviò il suo programma per rimanere, venire da noi e assicurarsi che tutto si svolgesse come pianificato. C'erano alcuni credenti che avevano addirittura dovuto aspettare fuori città, e nell'attesa pregavano per l'evento. Anche loro arrivarono pieni di felicità e applausi.

Il Ministro S.K. Tressler in persona fece il messaggio di saluto per la conferenza dei pastori. Durante i due giorni di crociata ho parlato del segreto della crescita della chiesa e del messaggio della Croce. Quando ho pregato per quelli che erano malati, una ragazza è stata liberata da un demonio. Un tumore che era stato nel corpo di una persona per 14 anni se n'era andato. Alcuni che non riuscivano a sentire ora udivano. Ci sono state molte testimonianze di persone liberate dalle catene del dolore. Questa notizia si diffuse rapidamente attraverso la TV nazionale, trasmissioni di TV locali e per il passaparola.

Folla inaspettata all'esterno della crociata

Alle 7 di sera del 20 ottobre, la crociata ebbe inizio presso i locali del Burt Institute. Sin dalla conferenza dei pastori avevamo avuto successo in termini di presenze, e, in tre giorni, più di 100.000 persone hanno visitato le riunioni.

La gente veniva da tutto il paese sia in treno che in autobus. La sala della crociata era già piena di gente e non c'era più spazio. Fu così che furono installati degli altoparlanti esterni e coloro che non avevano fatto in tempo a entrare, potevano comunque ascoltare il messaggio. Per tutti e tre i giorni la folla riempì tutti gli spazi, sia dentro che fuori. L'atteggiamento della polizia che ha cercato di fermare il nostro incontro il primo giorno cambiò radicalmente, tanto che la nostra sicurezza fu garantita fino all'ultimo giorno.

Forze di polizia armate fino ai denti hanno protetto il palco e il nostro personale giorno e notte. Avevano linee di sicurezza collocate lungo tutto il percorso dove avveniva la crociata in modo da mantenere la sicurezza perfetta.

La Crociata in Pakistan

Molti alti funzionari e dirigenti della chiesa hanno partecipato tanto che la TV nazionale e altri organi di stampa sono stati entusiasti nel presentare i resoconti. Questa notizia della crociata si è rapidamente diffusa ad altri paesi del Medio Oriente e nel mondo islamico in generale.

Io ho portato un messaggio su perché Gesù è il nostro Salvatore. Ho anche sottolineato che tutte le malattie possono essere guarite, i problemi risolti e che è possibile godere della vita eterna in paradiso, se preghiamo nel nome di Gesù Cristo. Tutti hanno ascoltato il messaggio – tradotto in inglese e in urdu – con molta attenzione.

Alcune decine di migliaia di musulmani hanno partecipato alla crociata. Gli organizzatori mi hanno detto che in realtà il 50-60% dei presenti era musulmano. A un certo punto ho chiesto alla folla di alzare la mano se avevano creduto in Gesù Cristo come Salvatore e Signore. La maggior parte ha alzato le mani. Fu un momento gioioso e commovente.

Per i tre giorni della crociata, dopo il messaggio, ho pregato per i malati, con tutte le mie energie, per fare sì che anche una sola persona potesse ricevere la guarigione divina. Attraverso la preghiera, Dio ha mostrato in modo esplosivo le opere dello Spirito Santo.

Come la preghiera terminò, molti di quelli che avevano sperimentato la guarigione divina si avvicinarono al palco per dare la loro testimonianza. Lo stadio era pieno di gente e innumerevoli persone sperimentarono le opere di Dio e la guarigione.

Varie malattie endemiche sono state guarite e molti demoni scacciati. Coloro che non potevano vedere hanno recuperato la vista e quelli che non potevano udire erano lì che sentivano. Una sorella, che non era in grado di camminare fin dalla nascita a causa di una paralisi infantile, ha iniziato a camminare. Non solo, una delle sue gambe, che era di 5 cm più corta dell'altra è stata pareggiata davanti i nostri occhi.

Questa crociata missionaria fu possibile solo attraverso il sostegno dei membri della nostra chiesa che non hanno mai smesso di pregare, digiunare e fare offerte. Molti, io lo so, hanno donato gli «spiccioli della vedova.» Dio mi ha fatto sapere che queste persone avrebbero ricevuto benedizioni sulla terra così come ricompense preziose nel regno dei cieli.

Il Signore era contento della crociata in Pakistan, e per questo motivo, mi ha detto che da subito dopo la crociata avrebbe circondato tutte le nostre chiese con la luce della creazione.

Non solo, mi disse di avermi fatto un dono: una spada di fuoco. La luce della creazione scaccia via tutte le tenebre, la spada di fuoco divide e spezza. Attraverso questa spada, mi spiegò, Egli avrebbe garantito che la mia parola, per esempio, se comandavo di riparare le ossa, queste avrebbero ubbidito. Ci fece anche sapere che avremmo visto il potere della creazione all'opera.

La Potenza di Dio resuscita i morti

Il 6 maggio 2001, un arcobaleno circolare molto intenso e luminoso apparve intorno al sole, sopra la chiesa, durante il servizio domenicale. Questo era il segno che Dio sarebbe stato con noi per il nono anno durante le due settimane speciali di risveglio che stavano per iniziare il giorno successivo.

Durante le due settimane di risveglio, diversi arcobaleni circolari e normali apparvero nei pressi della chiesa. Testimoniammo moltissime guarigioni, come ad esempio, un cancro in metastasi al peritoneo addominale e una leucemia che furono guariti all'istante.

Yamazaki Hiromi, che veniva dal Giappone, da circa 10 anni aveva la schiena piegata a 90 gradi. Durante la prima settimana di servizi speciali aveva frequentato gli incontri in diretta su Internet dal Giappone. Ogni volta che pregavo per i malati, lei accettava la preghiera e infatti pian piano la sua schiena era meno piegata e aveva meno dolore, tanto che fu così sorpresa da decidere di venire in Corea per partecipare al resto delle riunioni. Il 17 di maggio, quando ricevette la preghiera in chiesa, il fuoco dello Spirito Santo scese su di lei. Il sudore del suo corpo aumentò a livello inverosimile e poco dopo la sua schiena era completamente e perfettamente dritta.

Ueda Hideo, anche lui dal Giappone, soffriva di diabete, dovuto all'epatite che era stata provocata dall'alcolismo. Era venuto alla riunione di risveglio quasi per forza, perché spinto da alcuni suoi amici. Quando ricevette la preghiera, sentì come se qualcosa simile a un sacco di immondizia fosse stato trascinato via dalla sua testa, e adesso camminava da solo e aveva recuperato tutte le energie che da tempo non sentiva più nel corpo.

Corpo irrigidito e freddo

Jaeho Lee era uno dei pastori della nostra chiesa. L'8 maggio gli successe qualcosa. I suoi familiari mi spiegarono che quella mattina aveva preso improvvisamente a vomitare e nel giro di qualche ora il suo corpo era diventato incontrollabile.

Continuava a perdere liquido in quantità enormi, attraverso dissenteria e vomito, e verso le 5 del pomeriggio, perse conoscenza. Continuava a perdere liquidi dagli orifizi del suo corpo, e i liquidi che perdeva dall'ano erano bianchi e pieni di bollicine, la sua pelle si raggrinziva a vista d'occhio. Medicalmente ciò significava che era, tecnicamente, morto.

Era un uomo molto sano e tutto era avvenuto nell'arco di poche ore. I suoi familiari lo trasportarono in chiesa non appena era iniziato il servizio serale della riunione di risveglio. Temevano, infatti, che se avessi saputo questa notizia avrebbe potuto influenzare in qualche modo la sessione serale. Così,

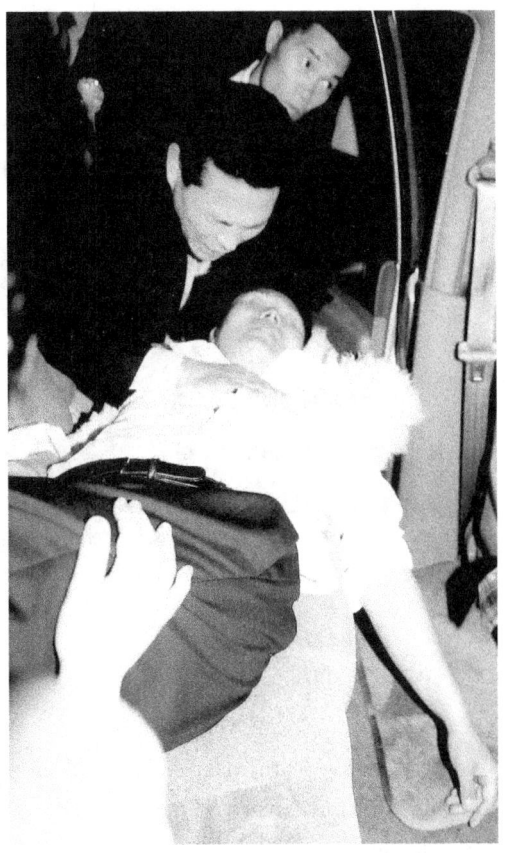

Pastor Lazzaro Jaeho Lee svenuto mentre riceve preghiera

hanno aspettato fino a quando il servizio fosse terminato per raccontarmi tutto.

In pratica il pastore Lee era stato colpito da un ictus che gli aveva paralizzato il corpo, a seguito di una serie di convulsioni muscolari. Dopodiché, divenne incosciente.

Mentre ministra in America Latina (Sala Consiliare della città di Cuzco, Perù)

Verso le 11:00 mi diedero la notizia e mi precipitai fuori.
Pastor Jaeho Lee giaceva in macchina in un mortale silenzio. Le
sue pupille erano dilatate, il suo corpo completamente freddo
e irrigidito, ma i suoi familiari avevano fede che si sarebbe
rianimato non appena avrei imposto le mani e pregato su di lui.

Quando ho pregato Dio con fede in Colui che fa rivivere
anche i morti, Egli rispose immediatamente. Nel momento
esatto in cui terminai la preghiera, il suo corpo si ammorbidì
e lui riprese conoscenza. Dopo 5 minuti stava in piedi da solo.
Pastor Jaeho Lee oggi si fa chiamare «Lazzaro Lee,» racconta a
tutti che la vita che vive ora è un bonus e serve il Signore come
missionario in America Latina.

Lezioni sulla Genesi e sui miracoli

Poi, un giorno, Dio mi illustrò il libro della Genesi da cui ho tratto una serie di seminari che ho impartito alla chiesa a cominciare dal 1 dicembre 2000. Predicai su Genesi 1. Era un venerdì, e come ogni venerdì avevamo la veglia di preghiera notturna. La serie andò avanti per sei anni. Dio è colui che ha creato tutte le cose dell'universo, ed è l'Unico in grado di spiegare tutto, anche riguardo al tempo prima che il tempo cominciasse. Oggi, nonostante sia la scienza che la conoscenza siano sofisticate e sviluppate, nessuno può comprendere cosa ci fosse prima che tutto iniziasse. Siamo in grado di capire queste cose solo quando è Dio che ce le spiega.

Ma come sapere se quello che Lui dice sia vero? Quando iniziò a spiegarmi riguardo la Genesi, molte opere potenti come quelle di cui si legge nella Bibbia iniziarono a manifestarsi nella nostra chiesa.

Gesù disse, *«Se non vedete segni e prodigi, voi*

semplicemente non crederete» (Giovanni 4:48). Come ho già detto, oggi, anche con le testimonianze, le persone tendono a non credere, ed è per questo che abbiamo davvero molto bisogno delle opere dell'Iddio vivente.

Il 5 aprile 2001 ci fu una conferenza per i leader delle cellule della nostra chiesa, organizzata dalla Missione delle Donne. La conferenza s'intitolava «Guardare le nuvole.» Avevano iniziato a pianificare l'evento in gennaio, quello stesso anno.

Nel corso degli anni, più volte Dio ci aveva mostrato meraviglie nel cielo, stelle luminose e stelle cadenti, quindi, si era pianificato che durante questi incontri, si sarebbero guardate le nuvole. Pregai per questo evento.

«Dio, nel corso della conferenza ci sarà un momento in cui andremo tutti a guardare le nuvole, quindi, ti prego, mostraci meraviglie.»

La risposta di Dio fu: *«Vi mostrerò un panorama di nuvole diverse.»*

Dopo aver ricevuto la risposta alla mia preghiera, feci l'annuncio durante il servizio notturno di venerdì 30 marzo, e nel servizio della domenica.

«Dio ci mostrerà un panorama di nuvole dalle forme diverse quando sarà il momento di uscire e guardarle.»

L'evento era stato programmato tanti mesi prima e noi non avremmo mai potuto conoscere le previsioni meteo per quei giorni con tutto quell'anticipo. Non potevamo sapere se il cielo sarebbe stato pieno di nuvole o scuro di pioggia. Ma con le mie labbra ho confessato e pregato con coraggio e sapevo che Dio mi aveva già risposto.

Già alle otto di mattina quel giorno, c'era un arcobaleno circolare molto luminoso in cielo. In mattinata, abbiamo tenuto la conferenza in una palestra e la seconda sessione era prevista per le 15:00 dello stesso giorno. Il posto era pieno di migliaia di fedeli provenienti da tutto il paese. Quando sono uscito carico di aspettative per ciò che sarebbe accaduto, ho visto un cielo molto chiaro e senza nuvole.

L'evento è iniziato con me che pregavo di vedere le nuvole. Abbiamo avuto la cerimonia di apertura e poi dei credenti si sono messi a camminare per il parco. In quel momento nuvole a forma di pecora iniziarono ad uscire da dietro il sole e, lentamente coprirono tutto il cielo muovendosi da ovest ad est.

Queste nuvole che si muovevano non erano già in cielo ma uscivano dal nulla. Dalla porta del cielo uscivano nuvole! Le nuvole a forma di pecore scomparvero e poi apparvero nuvole a forma di 'V,' che è il simbolo della vittoria. Poi si crearono nuvole a forma di profeti e poi scomparvero.

Le nuvole erano molto spesse e coprivano il sole, tanto che il sole sembrava un po' come la luna e ben presto divenne buio come se fosse tarda sera. Dio ci stava mostrando come aveva guidato il popolo d'Israele durante l'esodo nel deserto.

Attraverso queste meraviglie che movimentavano il cielo, Dio ci fece comprendere di più riguardo la 'finestra' o la 'porta' di apertura del cielo. Siamo stati testimoni di un panorama incredibile fatto di nuvole create da Dio apposta per noi per circa un'ora e mezzo. Fu fantastico.

La crociata di guarigione tramite il fazzoletto in Indonesia

Nel 2001, dal 19 al 29 aprile, abbiamo mandato alcuni dei nostri pastori e un team di missione in quattro città nello stato di Iryanjaya, in Indonesia, per condurre una crociata di guarigione tramite i fazzoletti.

«E uscirono e predicarono dappertutto, mentre il Signore operava con loro e confermava la parola con i prodigi che seguirono.» (Marco 16:20).

Il team della missione tenne le crociate, usò i fazzoletti su cui avevo pregato e opere forti dello Spirito Santo hanno avuto luogo.

Ogni volta che la gente mi chiede di pregare sui fazzoletti, io prego così: «Infondi questo fazzoletto con il potere della creazione, in modo che ogni volta che pregano con fede, anche i moribondi che sono morti possano essere riportati in vita.»

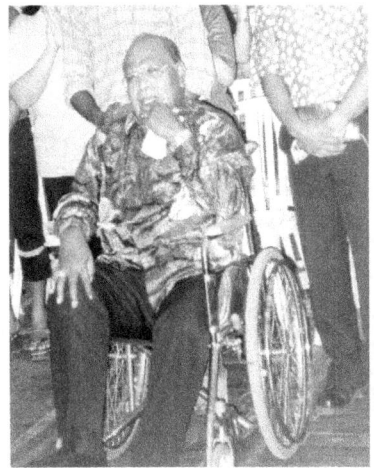

Jacob Patipi si alza dalla sedia a rotelle e cammina grazie alla preghiera sui fazzoletti

Dio ha manifestato lo Spirito Santo attraverso il fuoco in ogni sessione della crociata e quando il team della missione predicava il messaggio e ha pregato con i fazzoletti, gli spiriti maligni fuggivano. Hanno visti camminare bambini che non potevano camminare dalla nascita e persone che non potevano vedere recuperare la vista. Molti segni e miracoli si sono verificati, tanto che la stampa locale ha dedicato molta attenzione a ciò che stava avvenendo. Un'emittente televisiva locale ha anche invitato il nostro team per un loro programma in diretta.

Il Governatore dello Stato si è alzato dalla sedia a rotelle

L'ex governatore dello stato di Iryanjaya, in Indonesia, il signor Jacob Patipi aveva da poco compiuto 65 anni. Nel 1996, a seguito della pressione alta ebbe un infarto che gli causò una paralisi parziale. Anche lui venne alle riunioni della crociata, venne sulla sua sedia a rotelle. Riusciva a malapena a camminare, anche con l'aiuto di quattro persone. Inoltre, non era in grado né di parlare, né di sentire bene.

Quando uno dei nostri assistenti pastori ha pregato per lui e gli ha imposto il fazzoletto, lui si è alzato dalla sedia a rotelle e immediatamente ha iniziato a camminare. Non solo, ci sentiva e parlava! Dopo qualche tempo dalla crociata abbiamo ricevuto una lettera di apprezzamento da parte dello stato di Iryanjaya, dove, inoltre, ci facevano sapere che il signor Jacob Patipi oggi vive una vita normale.

Opere dello Spirito Santo a che scuotono Uhuru Park

Nel giugno 2001, abbiamo organizzato una crociata in Kenya, la porta dell'Africa orientale. Il potere della creazione che avevamo visto all'opera durante la crociata in Pakistan, si è manifestato anche in questa occasione. Prima della crociata abbiamo tenuto una conferenza per pastori presso il Kenyatta International Conference Center di Nairobi.

Ho insegnato su Dio che esisteva sin da prima dei secoli, sulla ribellione di Lucifero, il Giardino dell'Eden, e sul regno spirituale. I partecipanti erano tutti molto attenti e desiderosi di conoscere la Parola della Vita. Alcuni di loro hanno addirittura saltato il pranzo per essere sicuri di mantenere il proprio posto in sala.

Il giorno dopo, i partecipanti erano all'incirca 8.000. Ben 2.000 persone in più rispetto al primo giorno. Questo accadde perché i pastori che erano titubanti a collaborare con la crociata

Crociata in Kenya (Uhuru Park)

per via delle solite voci false, dopo aver saputo del primo giorno, vennero con le loro chiese. C'erano stati alcuni missionari coreani in Kenia che avevano redatto documenti su di me e distribuiti alle chiese e alla stampa, nel tentativo di fermare la crociata.

La Grande Crociata si svolse dal 29 giugno al 1 luglio presso l'Uhuru Park. Il palco era posizionato proprio davanti il sole, e vi assicuro che non fu affatto facile portare il messaggio con il sole d'Africa in faccia.

Dio manifestò le sue opere anche in questa occasione. Non appena sono salito sul pulpito per predicare il messaggio, delle nuvole si sono spostate e hanno coperto il sole, e io ho predicato il messaggio senza difficoltà.

La gente era stupita dopo aver visto accadere questo per ben tre giorni consecutivi. Anche l'autista che guidava la mia macchina, un locale, mi disse che era molto sorpreso di aver visto succedere questa cosa.

Sin dal primo giorno della crociata, lo stadio era pieno di gente che voleva dare la loro testimonianza di guarigione, e Uhuru Park si riempì di oltre centomila persone ogni giorno.

C'era un bambino con una gamba più corta dell'altra che non camminava bene. Dopo la guarigione si mise a saltare. Molte persone sono state guarite dall'aids e da varie altre malattie. Vederli così felici rendeva felice anche me, e io mi sentivo premiato.

Una signora claudicante torna a camminare

Il giorno dopo, abbiamo avuto un incontro conviviale con i membri locali del comitato organizzatore. Molti vescovi che erano rimasti sorpresi dalle manifestazioni della potenza di Dio mi chiedevano come poter ricevere tale potere.

I commenti più frequenti erano:

«Pastore, era la prima volta che vedevo così tante persone guarire in un colpo solo, ed era ancora più sorprendente perché non hai pregato per loro individualmente!»

«Pastore, mi sembrava di assistere alle scene della Bibbia di duemila anni fa!»

«Pastore, non sono mai riuscito a credere alla Bibbia

totalmente e letteralmente, ma attraverso questa crociata, mi è stato pienamente garantito che la Bibbia è vera!»

Tutti i servi di Dio hanno il desiderio di manifestare la sua potenza, come Gesù conferma nella Parola, attraverso i prodigi che dovrebbero seguire chi crede in Lui. Spiegare tutto questo in un tempo così breve, però, non era facile.

Durante il volo di rientro in Corea, ho di nuovo visto arcobaleni circolari e ad arco fuori dal finestrino.

Rivitalizzare le radici morte dei capelli

Nel 2001, il fratello Heehoon Park aveva di folti capelli, ma quando era un ragazzino, intorno ai 7 anni, iniziò a soffrire di calvizie dall'origine sconosciuta. Perse a poco a poco tutti i capelli, e, quando era al liceo, erano così radi che per non sembrare davvero infelice, decise che da quel momento in poi si sarebbe rasato la testa.

I medici gli dissero che era un caso davvero raro di calvizie, perché, seppur così giovane, le radici dei suoi capelli non erano deboli, ma morte. Non c'era alcuna cura.

Nessun trattamento della medicina ufficiale aveva mai funzionato, – aveva speso molto denaro per cercare una cura – come neanche quelli della medicina alternativa a base di erbe.

Iniziò a frequentare la nostra chiesa mentre era al liceo. Partecipò alle due settimane speciali di risveglio del 1998, e, improvvisamente, i suoi capelli cominciarono a ricrescere. Dal momento in cui abbiamo avuto il miracolo al pozzo e disponiamo dell'acqua dolce di Muan, lui se la spruzza sulla testa.

Dal 2001 gode di una chioma folta e le radici che erano morte sono state rivitalizzate per la grazia di Dio e ora la sua calvizie è guarita.

Nel Principio era la potenza più alta, quello della Creazione

Le Filippine sono una nazione prevalentemente cattolica, e la maggior parte delle persone possiede in casa una statua della Vergine Maria. La gente spesso chiede a Maria benedizioni e grazie. Nel settembre 2001, Dio permise che il potere più alto della creazione, lo stadio finale della sua potenza, si manifestasse durante la crociata nelle Filippine.

Mentre pregavo per la crociata delle Filippine, Dio ci disse che attraverso questo evento avrebbe dato l'allarme finale per tutti i cattolici di tutto il mondo. Ciò significava che Egli aveva già fatto un'altra chiamata al risveglio in passato.

Una volta ho sentito la notizia che una statua di Maria piangeva sangue. So per certo che i cattolici stessi non si sono resi conto del perché Dio abbia rivelato una cosa del genere.

Maria, uno strumento di Dio

La Vergine Maria è una creatura come tutti gli altri esseri umani, e, quando Gesù doveva venire sulla terra in forma umana, Maria fu scelta per darlo alla luce, tuttavia, Maria non può essere considerata la «madre di Gesù.»

Gesù è stato concepito dallo Spirito Santo, e, nell'essere concepito, non è successo attraverso l'uovo di Maria e lo sperma di Giuseppe, pertanto lei non è la madre di Gesù, tanto quanto Giuseppe non è suo padre. Ecco perché nella Bibbia possiamo vedere che Gesù non ha mai chiamato Maria, 'madre.'

«Donna, ecco tuo figlio!» (Giovanni 19:26).

Questo passaggio è stato raccontato dall'apostolo Giovanni, quando era in piedi vicino a Gesù sulla croce. Gesù non ha chiamato Maria 'mamma' ma 'donna' e 'figlio' si riferisce all'apostolo Giovanni.

In Giovanni 2:4 inoltre, Gesù si rivolge a Maria dicendo: *«Che c'è fra me e te, o donna? L'ora mia non è ancora venuta.»* Gesù ha usato la parola 'donna' proprio per rimarcare che ui è venuto su questa terra come Salvatore.

Gesù, nostro Salvatore, è Dio, parte della Trinità, ed è Egli stesso Creatore, pertanto non può e non potrà mai avere una madre. Ecco perché Gesù non ha mai chiamato Maria 'mamma,' ma si è sempre rivolto a lei chiamandola 'donna'.

Quando i cattolici fanno le statue di Maria e le adorano, agiscono in netta disobbedienza ai Dieci Comandamenti, al comando di non fare, adorare e inchinarsi davanti a nessun idolo. Non è possibile che Maria la vergine, nell'osservare dal cielo e vedere la gente raffigurare Gesù solo com un bambino al suo fianco, e adorare lei, una creatura, abbia il cuore spezzato, tanto che piange lacrime di sangue?

L'uragano si estingue

Le Filippine sono preda della stagione degli uragani da giugno a ottobre, e in questo periodo piove molte volte al giorno. Una delle conseguenze di tutta questa pioggia è la costante congestione del traffico. Siamo arrivati presso l'aeroporto internazionale di Manila verso le 11:00 del 24 settembre 2001. A causa dell'influenza dei tifoni, c'erano forti venti e parecchia pioggia.

Subito dopo il nostro arrivo abbiamo tenuto una conferenza stampa presso un albergo della città. I giornalisti sembravano essere molto più interessati alla direzione geografica che avrebbero preso i tifoni e agli effetti degli attacchi terroristici dell'11 settembre che a noi.

Le domande erano queste: «Siamo sotto l'influenza di un tifone in questo momento, e un altro ne sta per arrivare. Siete così sicuri di fare una crociata all'aperto?»

«Non avete timore di altri attacchi terroristici simili a quelli dell'11 settembre?»

Dissi a tutti quanto segue: «Da ora in poi non ci saranno più né pioggia né tifoni, perché Dio è con noi, e per questo, non ci saranno azioni bellicose o incidenti durante i giorni dei servizi di evangelizzazione. Non siate preoccupati.»

Quella fu una dichiarazione molto coraggiosa da parte mia,

ma sapevo che Dio era con noi e che non ci sarebbe stato alcun tifone durante l'evento. I giornalisti sembravano non credermi. Ma Dio adempì ciò che era stato detto.

A differenza delle previsioni meteo, un tifone con velocità del vento di 130 chilometri all'ora improvvisamente cambiò il suo corso e se ne andò verso la Thailandia. Un altro tifone si indebolì improvvisamente, come se avesse incontrato un muro forte e in poco tempo svanì.

L'estate nelle Filippine è di solito molto calda e terribilmente umida, ma, mentre eravamo lì, il tempo è stato limpido e fresco. I pastori locali erano così felici e ripetevano che anche soltanto nel vedere le condizioni meteo era chiaro che Dio fosse con loro in questa impresa.

Sentire il potere più alto, quello della Creazione

Il 26 settembre 2001 abbiamo avuto una conferenza dei pastori con circa 5.000 partecipanti in un centro di conferenze internazionale a Manila.

Il 27 settembre, dopo la conferenza dei pastori della mattina, il pomeriggio abbiamo aperto la prima riunione della crociata al Luneta Park di Manila. Molte persone sono state guarite anche qui.

Uno di loro era un giocatore di basket di nome Gilbert Ondinal. Gilbert era stato coinvolto in un grave incidente mentre giocava a basket. Aveva ritorto una gamba e poi si era spezzato l'osso, ed ora per camminare, aveva bisogno di impiantare chirurgicamente delle barre metalliche per congiungere i due pezzi di osso.

Purtroppo, non poteva permettersi l'intervento chirurgico e

per un anno soffrì e camminò con le stampelle. Quando quella mattina alla conferenza dei pastori ricevette la preghiera, tutto il suo corpo divenne caldo e il dolore sparì.

Dopo la riunione dei pastori Gilbert voleva andare a Luneta Park per la crociata, ma perse l'autobus. Così, decise di farsela a piedi, e come sempre, iniziò a camminare con le stampelle. Camminando realizzò che il dolore era sparito davvero e che la sua gamba era di nuovo forte. Non ci pensò due volte. Gettò via le stampelle e percorse oltre due chilometri per raggiungere la crociata.

Il Signore era contento del suo desiderio della grazia di Dio, e gli ha permesso di camminare con nuova forza.

In seguito, Gilbert si fece controllare la gamba in un ospedale per scoprire che l'osso rotto si era riparato ed era tutto normale. Qualche mese più tardi ci scrisse dicendo che aveva ricominciato a giocare a basket.

A Luneta Park

A cominciare dalla sessione di lode e adorazione del primo giorno della crociata, le opere dello Spirito Santo sono state manifestate. Gente arrivata in barella che si alzava in piedi, camminava, e veniva a testimoniare di essere stata guarita nel momento esatto in cui era arrivata alla location della crociata. Alcuni sono stati guariti mentre stavano ascoltando il messaggio, e altri che, attratti dalla musica e dalla lode mentre passeggiavano, sono entrati e hanno ricevuto grandi benedizioni. Uno di questi passanti aveva perso la vista 10 anni prima e ora l'aveva recuperata.

Dopo il messaggio pregai come di consueto per i malati e

immediatamente vedo che delle persone trasportano un uomo sotto il palco. Era rigido come il legno, pareva un tronco. Nelle ore precedenti la crociata il cuore gli aveva creato dei problemi ed era improvvisamente svenuto. Ora il suo corpo era rigido come un bastone, e le sue pupille sembravano quelle di un cadavere.

Ero molto preoccupato perché se quest'uomo fosse morto proprio lì, davanti ai nostri i occhi, durante il servizio, io avrei disonorato Dio. Sono corso giù immediatamente e ho pregato nel nome di Gesù Cristo, imponendo le mie mani su di lui. Nel momento in cui terminai la preghiera riprese conoscenza e si mise seduto.

Dio ha lavorato nel mezzo di questa crociata, così fortemente fino alla manifestazione del potere più alto, quella della Creazione. Ero così grato per la grazia che Dio ci aveva elargito attraverso la manifestazione della sua potenza. Però, quando sono tornato in albergo, ho versato lacrime. Ho pianto, perché ero in grande imbarazzo davanti a Dio per non aver compiuto la sua volontà maggiormente.

Profezie su situazioni del mondo

Nel 1982, subito dopo l'apertura della chiesa, Dio mi rivelò che il mondo nel breve futuro sarebbe stato caratterizzato da tre grandi potenze, Stati Uniti, Cina e Russia unite, e l'UE (Unione Europea), che gli Stati Uniti sarebbero stati sempre più isolati e il loro potere indebolito, spiegandomi pure che i suoi alleati in un giorno non lontano gli avrebbero voltato le spalle nel perseguimento dei propri interessi.

Dio ha benedetto gli Stati Uniti nel tempo facendoli diventare la nazione più grande del mondo perché sin dalla fondazione ha sempre tenuto in grande conto la fede in Lui. Ma oggi, molti americani hanno dimenticato il Signore.

Dio mi ha spiegato che Cina e Russia diverranno alleate, organizzando esercitazioni militari congiunte con l'obiettivo di diventare sempre più forti, e che, quei paesi che oggi sono filo-americani diverranno filo-cinesi.

Già oggi, infatti, molti paesi sia in America Latina che in

Visita a Dubai

Africa iniziano a instaurare rapporti migliori con la Cina rispetto a quelli che intrattengono con gli Stati Uniti.

Quando queste cose mi sono state rivelate era ancora prima che la Cina iniziasse a essere un paese emergente nel panorama internazionale. Nel raccontare ciò che il Signore mi aveva rivelato mi rendo conto che la mia chiesa fosse parecchio sbalordita.

Era difficile per loro credere a queste cose, considerando la realtà di quel momento.

E non è tutto. Dio mi rivelò molte cose riguardo l'economia mondiale, soprattutto che sarebbe peggiorata, che il prezzo del petrolio avrebbe subito un aumento vertiginoso e che i paesi del

Medio Oriente si sarebbero uniti per usare il petrolio come arma contro altre nazioni.

In giugno 2001, poi, Dio mi spiegò che il mondo era ormai giunto nell'era della concorrenza senza limiti. Ciò significava che, indipendentemente dal sistema politico-economico di uno Stato, democratico o comunista, le nazioni avrebbero solo perseguito i propri interessi ignorandosi o alleandosi svincolate dalle proprie ideologie e senza il rispetto di accordi pregressi. Il mondo sta giungendo alla fine.

Dagli attacchi terroristici del 11 settembre in poi

La maggior parte dei cristiani è sempre interessata riguardo la seconda venuta del Signore. Quando i discepoli chiesero a Gesù sui segni della fine dei giorni in Matteo capitolo 24, Gesù rispose loro così:

«Voi udrete parlare di guerre e di rumori di guerre; guardate di non turbarvi, infatti bisogna che questo avvenga, ma non sarà ancora la fine. Perché insorgerà nazione contro nazione e regno contro regno; ci saranno carestie e terremoti in vari luoghi; ma tutto questo non sarà che principio di dolori.» (Matteo 24:6-8).

Il 21 ottobre 2001 ho portato un messaggio dal titolo: «Quale sarà il segno della fine dell'età presente?» Ciò che segue è un estratto.

«Come sapete, l'11 settembre una grande tragedia ha scosso il mondo intero, un attacco terroristico al cuore

degli Stati Uniti. L'America ora ha giurato rappresaglia, e, in pratica, adesso c'è una guerra in corso. Ora il mondo intero è in tensione.

Questo è un allarme per avvertirci dell'inizio della fine dei tempi, oltre che del probabile innesto che in futuro causerà la III guerra mondiale che sarà permessa da Dio. Che Egli la consenta non vuol dire in nessun modo che Dio l'abbia causata, e non fermerà ciò che sta per accadere a causa della malvagità dell'essere umano. Gli attacchi terroristici dell'11 settembre sono solo l'inizio degli ultimi tempi.

A motivo di quanto accaduto, gli Stati Uniti hanno guadagnato la simpatia del mondo e dei suoi alleati, i quali hanno promesso una maggiore cooperazione. La guerra continuerà e i paesi del Medio Oriente si uniranno, l'Europa si sgancerà dagli USA, lottando per sé stessa, e infine, sarà una guerra tra Cristianesimo e Islam.»

«Questo attacco terroristico può essere considerato la miccia che causerà la III guerra mondiale. Carestie e terremoti ormai avvengono ogni anno.

Quando migliaia di persone muoiono in un qualche incidente, non diciamo che è l'inizio dei disastri degli ultimi tempi, ma questo terrorismo senza precedenti contro gli Stati Uniti ha scioccato il mondo intero. Quanto accaduto l'11 settembre è di certo stato l'inizio delle calamità riguardanti gli ultimi giorni!

Voglio precisare che non ho alcun sentimento personale contro gli Stati Uniti, e con quanto dirò non intendo offendere nessuno. Sono profondamente rammaricato che questo sia accaduto. Voglio solo cercare di spiegare la situazione dal punto di vista di Dio, anche per la nazione stessa, che potrebbe trarne beneficio. Quello che segue è ciò che Dio mi ha spiegato:

Se Dio fosse stato lì a proteggerli, queste cose non sarebbero mai accadute, ma, a differenza di quando la nazione è stata fondata, gli Stati Uniti hanno distorto la loro fede, tanto che alcune chiese oggi ordinano pastori omosessuali.

Di fronte a un attacco terroristico di questa portata, prima di qualsiasi altra cosa, occorre che una nazione guardi dentro di sé, cercando i motivi per i quali Dio non li ha protetti e si penta della propria malvagità.

Quando la punizione di Dio fu proclamata contro il popolo di Ninive, il re e il popolo si pentirono e digiunarono. Allo stesso modo, a cominciare dal presidente, il popolo degli Stati Uniti avrebbe dovuto umilmente pentirsi davanti a Dio, cercando il modo di avere la pace con tutti, attraverso il perdono e la riconciliazione.

Invece, orgogliosi di essere la nazione più forte sulla terra, hanno pensato di poter ripagare quello che era successo esercitando il proprio potere. Ma la politica «occhio per occhio, dente per dente,» ha solo causato maggiori difficoltà.

Mentre gli Stati Uniti continuano a rimanere fermi nella loro rappresaglia con la forza, le loro difficoltà interne, sia politiche che economiche aumentano, e, se l'economia degli Stati Uniti inciampa, il resto dell'economia mondiale soffre di acute difficoltà.

I paesi del Medio Oriente in breve si uniranno per stare contro gli Stati Uniti, utilizzando il petrolio come arma per controllare l'economia mondiale. Molti paesi, temendo ritorsioni terroristiche, inizieranno a considerare che non è più vantaggioso lavorare e mantenere buoni rapporti con gli Stati Uniti ed inizieranno a ritirarsi.»

«Ci sono molte cause di guerra in tutto il mondo. Proprio nel Medio Oriente, molti paesi tra cui Iran, Iraq e Siria hanno sentimenti ostili verso gli Stati Uniti e tanti attacchi terroristici sono in corso ovunque.

C'è un motivo per cui questa guerra, che poi è uno

dei segni principali che stiamo vivendo negli ultimi tempi, ha avuto luogo in Afghanistan. Se la battaglia fosse scoppiata in un luogo diverso in Medio Oriente, in breve si sarebbe evoluta fino a diventare la III guerra mondiale, coinvolgendo tutto il mondo.

Come disse Gesù, queste cose sarebbero accadute, ma non è ancora la fine, ma il punto di inizio dei disastri e delle calamità che si verificheranno su larga scala, oltre ad essere la scintilla che lentamente porterà all'ultimo conflitto mondiale.

La fine verrà quando il popolo di Dio sarà già rapito nell'aria, evento che spargerà i semi di una guerra che coinvolgerà tutti i paesi del Medio Oriente.»

«Ma cosa succederà alla Corea? Arriverà il momento in cui la nazione non avrà più alcun beneficio dal proprio rapporto con gli Stati Uniti e sposterà la propria dipendenza da qualche altra parte. Ci sarà caos economico in tutto il mondo, soprattutto dovuto allo shock petrolifero, e quindi, anche la nostra economia, naturalmente, avrà delle difficoltà.

Dio, che ha un piano per realizzare qualcosa attraverso il nostro paese durante gli ultimi giorni, ci proteggerà in parte dalle tribolazioni che avverranno.

La nostra chiesa aprirà un canale, una strada. Dio ci ha dato grazia di organizzare crociate in Uganda, Pakistan, Kenya, e anche in altri paesi che circondano il Medio Oriente, e più volte ci ha detto che in seguito avremmo capito perché proprio in questi paesi.

Egli ci ha anche rivelato che notizie su di me e sulla

nostra chiesa sono già ampiamente diffuse presso le autorità dei paesi islamici.»

Capitolo 6

Solo attraverso il nome di Gesù Cristo

Anche con a mani rotte

Il venerdì, prima che inizi la veglia di preghiera notturna, i membri della nostra chiesa iniziano a venire a casa mia già intorno alle 3 di pomeriggio e fino verso le 6 di sera parlo con loro, gli do consigli, stringo le loro mani, parliamo e preghiamo.

Dopo di che vado in chiesa e comincio un'altra sessione di incontri con i fratelli e le sorelle. Quando il servizio di veglia inizia, alle 11 di sera, sento che la mia energia è davvero esaurita, ma Dio mi aiuta ogni volta e mi ritempra in modo che io possa predicare il messaggio con forza.

Anche la domenica, i membri della chiesa vengono presso la mia residenza a partire dalla mattina. A motivo della compassione che sento, perché so che sono lì da molto presto in attesa di parlarmi, esco presto per salutarli. Gli incontri, in cui io ascolto i loro problemi personali e quotidiani e prego per loro, iniziano intorno alle 5 di mattina e vanno avanti per circa 3 ore, dopodiché vado in chiesa per il servizio. Dal venerdì prima della veglia fino alla domenica sera dopo il servizio, stringo la mano a migliaia e migliaia di persone e la mia mano si graffia, si strappa e in più di un'occasione ha addirittura sanguinato. La mia mano è sempre tagliata e graffiata, ogni settimana, ma nulla mi fermerebbe dall'incontrare i membri della mia chiesa.

È una grazia di Dio che in chiesa, dai bambini agli anziani, tutti amino così il loro pastore e vogliano incontrarlo e salutarlo. Io prego per loro e stringo forte le loro mani in modo che la potenza di Dio possa scendere su ognuno e ricevano le risposte alle loro preghiere.

Quando vedo che gioiscono dopo essere stati guariti da malattie gravi o dopo aver ricevuto le risposte, e che vogliono incontrarmi per stringermi la mano e dare gloria a Dio, mi sento premiato e ricevo nuova forza.

Cosa farebbe Gesù? Prego con tutte le mie forze per tutti, e ho messo la mia mano su ogni bambino e ogni bambina che mi è sempre stato portato senza trascurare mai nessuno.

Verso l'obiettivo

All'inizio del 2002, Dio mi ha dato un nuovo obiettivo: perfezionare la manifestazione dell'altissimo potere della creazione, la potenza originale di Dio con cui Egli ha creato i cieli e la terra, esclusivamente attraverso la sua parola. Ad esempio, al suo comando, i ciechi vedono, i sordi sentono e gli zoppi camminano.

Come riportato nella Bibbia, le cose possono essere create dal nulla, solo ed esclusivamente attraverso la parola «parlata.» L'altissimo potere della creazione può far rivivere un esercito di ossa secche, può aprire la bocca di un asino e farlo parlare, e, quando si manifesta senza ostacoli, possiamo dire che si perfeziona. L'altissimo potere della creazione esercita il controllo non solo sul mondo fisico, ma anche sul mondo invisibile, quello spirituale.

Per manifestare la potenza più alta della creazione, Dio mi ha spiegato che dovevo passare attraverso tre prove come Gesù aveva attraversato tre prove. Gesù è il Figlio di Dio, nato come un uomo per diventare il Salvatore, ciononostante, ha dovuto superare delle prove, proprio come gli esseri umani, oltre che per manifestare l'autorità della sua parola sia nel regno fisico che in quello spirituale.

Gesù aveva sempre posseduto l'altissimo potere della creazione, ma cominciò a manifestarsi solo dopo che attraversò le tre prove. Ha cambiato l'acqua in vino, ha nutrito cinquemila uomini con cinque pani e due pesci. Ha calmato il vento e il mare con la sua parola. Tutte queste erano opere dell'altissimo potere della creazione. Quando Egli comandò con la Sua parola, un paralitico camminò e un lebbroso guarì.

Ha anche detto che se avesse voluto avrebbe potuto far intervenire dodici legioni di angeli (Matteo 26:53), ma, per seguire l'ordine naturale, per seguire la giustizia e per soddisfare la volontà del Padre, Egli non lo fece, anche se aveva sia l'autorità che il potere di governare il mondo spirituale e quello fisico.

A febbraio 2002 ho iniziato la seconda sessione di preghiera in montagna. Durante la preghiera Dio mi ha reso comprensibile come e perché le prove che avevo vissuto da quando ero stato chiamato come suo servo, erano state tutte necessarie perché io potessi ricevere ed esercitare la potenza più alta, quella della creazione, appunto. Egli ha anche illustrato un'interessante allegoria, che vi riporto qui di seguito, per farmi comprendere meglio questo concetto.

Io sto navigando su una nave chiamata «Manmin,» e Dio manda un forte tifone. Tenete a mente che tra il 1998 e il 1999 la nostra chiesa è stata fortemente scossa da tre prove. Durante la forte tempesta vedevo che alcune persone saltavano giù dalla nave e cadevano in mare, mentre altri esitavano chiedendosi se buttarsi o no. Altri ancora si tenevano forte alle corde delle ringhiere cercando di non cadere.

C'erano anche atre persone che però restavano tranquillamente a dormire nelle cabine mentre la nave veniva scossa. Dio ha lodato queste persone.

Spiritualmente, io ero il capitano della nave Manmin. Coloro che non sapevano se saltare giù o meno erano quei membri della chiesa che lottavano, il cui cuore era diviso, e per questo venivano tentati da Satana. Naturalmente, Dio ha avuto pietà di loro e salvato anche queste persone.

Quelli che dormivano nelle cabine erano in grado di farlo perché si fidavano del capitano completamente. Oggi posso testimoniare che queste persone sono quelle che maggiormente hanno intrapreso un cammino di crescita divenendo dei formidabili guerrieri spirituali. Sono quelli che, tra tutti, hanno ricevuto molte benedizioni.

Attraverso queste tre difficoltà, anche i membri della chiesa hanno potuto testare la propria fede. Il motivo per cui Dio ha permesso queste terribili prove, infatti, è stato quello di condurci alla Nuova Gerusalemme e compiere la nostra missione mondiale e la costruzione del Grande Santuario.

In tale provvidenza, Dio ha concesso che Satana gettasse su di noi prove terribili, che noi abbiamo superato con fede. Personalmente, le prove che Dio ha permesso erano insopportabili, ma, avendole superate, Egli mi ha concesso un utilizzo maggiore del suo potere, e infine, l'altissimo potere della creazione. Non c'era niente con cui Satana, il nemico, avrebbe potuto accusarmi, ciononostante, Dio ha permesso che attraversassi questi terribili test perché sarebbero stati risolutivi per me e il mio ministerio.

Guarigione dal cancro al naso

Nel gennaio 2002 ho ricevuto una lettera dalla diaconessa Hoim Choo. La lettera diceva quanto segue:

«Nel dicembre 2001 mia suocera viveva in Mokpo e improvvisamente iniziò a sanguinare dal naso. Si recò presso il vicino ospedale dove le dissero che doveva farsi visitare in una struttura più grande. Aveva sanguinato per più di 15 giorni e ormai viveva con una garza nel naso.

Vennero a Seoul e ricevette la stessa diagnosi dai due ospedali in cui era stata visitata: era cancro al naso.

Le fu suggerito un intervento chirurgico per rimuovere il setto nasale e sostituirlo con un osso artificiale. Due giorni dopo la diagnosi, partecipai alla veglia notturna del venerdì. Alla fine del servizio ho scritto il nome della malattia di mia suocera sul palmo della mano e poi, quando sei passato dove ero io per salutare, ti ho stretto la mano. Non solo, sentivo l'ardente desiderio che Dio mostrasse la Sua potenza attraverso di te. Sabato mattina presto, dopo la veglia, mi rimisi in viaggio per tornare a casa, dove scoprii che una nostra parente che abitava in campagna mi stava aspettando.

Non appena la vidi gli dissi quello che avevo fatto e che, certamente, Dio avrebbe guarito mia suocera. Dichiarai in fede la sua guarigione. Poi, la chiamai perché sapevo che il miracolo era già avvenuto. Questo ciò che mi disse: «Hoim, mi sono svegliata e il mio naso non sanguina più!»

Pensai che il sangue si era fermato ed io ero già contenta per questo, ma non avrei mai potuto immaginare che invece era completamente guarita dal cancro. Il 2 gennaio 2002 la portai in ospedale per l'intervento chirurgico.

Prima dell'intervento andavano fatti dei controlli di routine, dopo di che il medico le disse che c'era qualcosa di strano perché il cancro era sparito! Fu dimessa dall'ospedale immediatamente.

Avevo stretto la mia mano con fede perché ero certa che mia suocera sarebbe guarita. Non solo, dopo quanto accaduto a sua mamma, mio marito, che soffriva di dissenteria da due mesi, fu guarito durante il servizio di Capodanno, ed ora è così felice che lo dice a chiunque incontri.»

La diaconessa Hoim Choo e sua suocera oggi frequentano

la chiesa e godono tutti di ottima salute. L'altissimo potere della creazione non è solo in grado di guarire le malattie con un semplice tocco o perché si prega sulla foto di un malato. Questo potere può anche modificare le condizioni meteorologiche.

Guarigione dal cancro attraverso la preghiera con i fazzoletti

Soonchang vive in Hampyeong, nella provincia di Cheonnam. Un giorno, era l'aprile del 2002, iniziò ad avere vertigini, difficoltà nel camminare, dolori in tutto il corpo e urina mista a coaguli di sangue.

Gli fu diagnosticato un cancro alla vescica. Non solo, data la diffusione del tumore, c'erano altissime possibilità che attaccasse anche i polmoni, per cui gli fu suggerito di sottoporsi a un intervento chirurgico presso un grande ospedale di Seoul. Fu così ricoverato presso l'Ehwa Women's University Hospital. Su richiesta di Shim Soollay, una diaconessa che frequentava la nostra chiesa, uno dei miei pastori andò a visitarlo.

Dopo aver parlato un po' con lui, gli spiegò che avrebbe potuto essere guarito attraverso la fede. Immediatamente Soonchang si pentì per non aver vissuto secondo la parola di Dio. Dopodiché, il pastore pregò su di lui con un fazzoletto su cui io avevo pregato.

Dopo aver ricevuto la preghiera, Soonchang non riusciva neanche più a dormire a causa dei forti dolori. Intorno alle 4 del mattino andò in bagno per urinare e, qualcosa che premeva fortemente sul suo stomaco uscì. Il cancro era stato espulso dal suo corpo.

Successivamente, durante il giorno, non ebbe nessun dolore durante la minzione, e anche le urine risultavano pulite. Il giorno dopo, nel sottoporsi alla diagnosi definitiva prima della chirurgia, non gli fu trovato nulla nel suo corpo. Era completamente sano, e fu dimesso immediatamente.

Prima di sottoporsi all'intervento gli era già stato anticipato che, anche nel caso tutto fosse andato bene, un recupero completo delle sue funzioni sarebbe stato improbabile dal momento che il cancro si era già ampiamente diffuso. Attraverso la preghiera con il fazzoletto, Soonchang ha sperimentato l'opera di Dio e ha recuperato completamente la sua salute.

Dio ha sempre mostrato le opere di fuoco dello Spirito Santo, ogni qual volta le persone hanno pregato con fede con questi fazzoletti.

Non solo dalla Corea, ma da tutto il mondo, ogni settimana riceviamo testimonianze di coloro che hanno ricevuto la guarigione attraverso la preghiera con il fazzoletto sul quale ho pregato. Posso solo rendere grazie e gloria a Dio per questo.

Il grido più profondo

Le annuali due settimane di servizi speciali di risveglio del 2002 furono un banchetto celeste, in cui tutti hanno sperimentato la mano di Dio all'opera. Le riunioni si tennero dal 6 al 16 Maggio e avevano come tema «la Potenza.»

Un giorno, mentre pregavo riguardo questi servizi, Dio mi rivelò che il lunedì della seconda settimana avremmo sperimentato molte guarigioni su persone con problemi alla vista, che il martedì sarebbero state guarite quelli con gravi disabilità e che non riuscivano a camminare, e che, il mercoledì, sarebbero stati guariti muti e sordomuti. Mi disse che anche altre persone sarebbero state guarite in generale.

Il 5 maggio, era domenica mattina, un arcobaleno circolare brillava sopra la chiesa. Vedendo l'arcobaleno, sapevo che durante le due settimane che ci aspettavano, la potenza di Dio sarebbe stata manifestata in modo potente.

Dio ci ha mostrato le opere della creazione più del previsto. Proprio come nella Bibbia, i ciechi hanno ricevuto la vista, i muti la parola e molti altri infermi hanno ricevuto guarigione. Sapere che delle persone vengano guarite attraverso la mia preghiera fervente è per me un motivo di immensa gioia! Ogni volta che durante questi incontri ho gridato a gran voce dicendo: «Signore!» l'ho fatto con tutta la mia energia.

Centinaia di persone sono state guarite e riempivano l'altare, tutti volevano testimoniare dei miracoli che si verificavano nel loro corpo.

Come Dio aveva promesso, attraverso i fasci di luce curativa, persone gettavano via occhiali, altri le stampelle e altri ancora la sedia a rotelle su cui erano arrivati.

Ad alcuni furono aperti gli occhi spirituali e videro una palla di fuoco che, girando vorticosamente, attraversava il mio petto per uscire dalle mie braccia carica della potenza dello Spirito Santo. Alcuni di loro hanno visto anche degli angeli toccare i malati.

In questo risveglio, in particolare, proprio persone con problemi alla vista, non vedenti conclamati, e quelli con le cateratte da diabete, hanno recuperato la vista. Non solo, con gioia e gratitudine, abbiamo visto molti alzarsi dalla sedia a rotelle e persone muoversi dopo anni di paralisi infantile.

Il tornado forte e rapido dello Spirito Santo

Dio ci ha equipaggiati con il vangelo della santità e la potenza della creazione, perché questi due elementi costituiscono una forte arma spirituale per compiere la missione verso il mondo che è così pieno di peccati e di tenebre. Dovunque andiamo, le opere così potenti ed esplosive dello Spirito Santo fanno sì che molte anime si rivolgano al Signore.

Abbandonare una gara per la presidenza

L'Honduras è un paese prevalentemente cattolico, dove miseria e malattia fanno parte della vita quotidiana.

Prima di partire per l'Honduras, il nostro staff, che era stato lì a fare i preparativi per la crociata, mi ha riferito che la sicurezza pubblica era fuori controllo e che anche i civili portavano armi e agivano incontrollati in modo pericoloso.

Non solo, mi fu riferito che, a causa del caldo, di frequente si verificavano morti a causa di punture di zanzara.

Pregai per questo e Dio mi rispose che aveva già circondato la città, e il luogo in cui dovevamo tenere la crociata, con la luce della sua potenza e l'esercito celeste. Gli angeli stavano sorvegliando la zona, quindi, io non dovevo preoccuparmi di nulla.

Il 23 luglio 2002 sono arrivato al San Pedrosula International Airport. Siamo stati accolti da circa 1700 persone, tra cui anche un membro del Congresso dell'Honduras, il dottor Esteban Handal. Quest'uomo aveva giocato un ruolo di primo piano per la nostra presenza in Ecuador e per l'organizzazione della crociata.

Mr. Handal, che era candidato alla presidenza, era un membro del congresso ben conosciuto e stimato, sia per la sua attività di imprenditore secolare che nelle sue attività presso la sua rete televisiva cristiana.

Era stato con noi durante la crociata nelle Filippine nel 2001 e, avendo testimoniato di prima mano l'opera di Dio, da quel momento la sua vita era cambiata.

Mi chiese in modo rapido e schietto: «Pastore, cosa devo fare? Accettare la candidatura per la presidenza o concentrarmi unicamente sull'opera di Dio?»

La mia risposta fu: «Se io dovessi fare una scelta, allora ti suggerisco di fare solo le opere di Dio.»

Su mio consiglio, interruppe la sua attività politica e decise di diffondere il vangelo della santità in tutto il mondo.

Mai scenderemo a compromessi con altre religioni

Quando sono arrivato in albergo, c'erano giornalisti e membri della stampa da sette stazioni televisive e cinque stazioni radio. La prima domanda fu perché avessi scelto l'Honduras.

«Il motivo per cui Dio mi ha detto di venire in Honduras è quello di benedire questo paese. Scoprirete che nella crociata migliaia di persone verranno guarite.»

Continuai.

«Dico, e ribadisco, migliaia di persone, perché non parlo solo di coloro che saranno presenti nel luogo dove si terrà la crociata, ma anche di quanti la guarderanno in tv e la sentiranno alla radio. Anche tra di loro molti verranno guariti.»

Potevo affermare questi proclami con forza perché Dio ci aveva sempre dimostrato segni e prodigi straordinari, in ogni crociata. Proclamando una cosa incredibile in un luogo pubblico, sarei passato per un grande bugiardo se tali segni non si fossero verificati.

E infatti, le mie parole si sono rivelate reali. Sia radio che tv ci hanno informato che ogni giorno, durante la diretta della crociata, hanno ricevuto migliaia di telefonate da telespettatori e ascoltatori, e tra queste, oltre mille erano di persone che volevano testimoniare della propria guarigione.

La seconda domanda dei giornalisti fu: «La Chiesa Cattolica Romana e alcuni protestanti stanno cercando di unire e di promuovere la riconciliazione fra le diverse religioni, tu che cosa ne pensi?»

La mia risposta fu severa. «L'unico Dio è l'Iddio Creatore. Il cristianesimo non può e non potrà mai scendere a compromessi con altre religioni. Nei Dieci Comandamenti Egli dichiara di essere l'unico Dio e nessun altro dio può stare davanti a lui. Ecco perché non ci può essere nessun'altra religione.»

I giornalisti sembravano essere sorpresi, dal momento che parlavo così severamente in un paese come l'Honduras, dove oltre il 90% della popolazione è cattolica romana.

Il giorno dopo, ho visto il giornale *'La Tiempo.'* Da un lato, c'era una foto del papa che veniva aiutato da alcune persone a camminare perché affetto dal morbo di Parkinson, e dall'altro lato, un annuncio riguardo la nostra crociata con la mia foto e la didascalia, in antitesi: «Gesù Cristo guarisce oggi. I ciechi vedono, i muti parlano, i sordi odono.»

Le condizioni meteo: da afose a fresche

Le mattine del 26 e del 27 luglio, abbiamo avuto la conferenza dei pastori presso la chiesa di Ebenezer, le condizioni meteorologiche erano perfette: fresche.

Mi avevano riferito che, improvvisamente, proprio dal giorno in cui il nostro team era arrivato in Honduras, il tempo era cambiato. Si era passati dagli oltre 40 gradi celsius del giorno prima del nostro arrivo a una fresca brezza con nuvole che coprivano il sole a rendere il clima molto piacevole.

Prima di partire per l'Honduras, Dio mi aveva detto più volte che Lui avrebbe controllato tutte le condizioni atmosferiche e io non mi dovevo preoccupare. Come sempre del resto, infatti, non avevamo mai avuto alcuna difficoltà pur avendo spesso organizzato eventi all'aperto. Io sapevo che, comunque, qualcosa stava per accadere, proprio perché Lui mi aveva rassicurato.

Alle 7 del 26 luglio avremmo dato il via alla crociata, ma, intorno alle 6, iniziò una pioggia battente e incessante tanto che nessuna attrezzatura audio o video poteva essere utilizzata.

Lo stadio, capace di ospitare 60.000 persone, era già pieno di gente, e sapevo che se ne sarebbe andata via se non avesse smesso di piovere.

Così, i nostri performer, vestiti con gli abiti tradizionali coreani chiamati «Hanbok» e con i grossi ventagli, sono saliti sul palco, sotto la pioggia battente. Il palco era molto scivoloso a causa della pioggia, così si sono tutti tolti le scarpe per eseguire accuratamente le loro potenti danze d'adorazione. Nessuno lasciò lo stadio, tutti rimasero al proprio posto, anche sotto la pioggia.

Anche gli artisti locali scesero sul campo di gioco e tutti lodavano Dio insieme con la loro danza e con le mani al cielo.

Ero nella sala d'attesa, e sin dalle 6 avevo più volte espresso la mia volontà di uscire, però gli organizzatori mi avevano detto che non dovevo bagnarmi. Ascoltai per un po', ma ero sicuro che la pioggia avrebbe smesso se fossi andato verso il palco.

Alle 7 non potevo più aspettare e salii sul palco, nonostante i suggerimenti degli organizzatori di rimanere dove mi trovavo.

In quel momento esatto la pioggia si trasformò in una pioggerellina e presto, si fermò, il cielo divenne terso e ora la fresca brezza rendeva tutto piacevole, ma soprattutto, le zanzare nocive e le falene fastidiose erano scomparse proprio a motivo del fresco venticello.

Molti rimasero fuori dallo stadio

Dopo il messaggio, ho pregato per i malati. Le testimonianze di coloro che erano guariti – aids, cecità, mutismo, e varie malattie – continuarono fino alle 10. L'opera esplosiva del fuoco dello Spirito Santo veniva manifestata davanti a noi mediante l'altissimo potere della Creazione. Sono certo che ci sono state moltissime persone guarite da infermità che non era possibile verificare in quel momento.

Il secondo giorno, molte ore prima dell'inizio della crociata, lo stadio era già pieno di gente che ora non solo occupava gli spalti ma anche il campo.

C'era una brezza fresca, non c'erano zanzare e falene neanche intorno alle luci. Pensate, il problema con le zanzare era così grave lì che il vice Sindaco di San Pedrosula mi chiese di pregare specificatamente per questo. Dio era con noi, e nessun insetto nocivo ci avrebbe disturbato.

«Pastore, tra quelli che non hanno potuto entrare allo stadio il numero dei partecipanti è superiore a 100.000!»

Per ovvi motivi di sicurezza non hanno potuto lasciare entrare tutti gli intervenuti e circa 10.000 persone sono rimaste fuori, e questo mi dispiacque.

Dopo la predicazione pregai brevemente per gli ammalati. Così tante persone si alzarono dalla sedia a rotelle e camminarono e così tanti furono guariti da moltissime malattie e venivano a testimoniarlo.

Niente è impossibile attraverso il Fuoco dello Spirito Santo

Sotto la guida del Dr. Jose Samara del Bethesda Hospital di San Pedrosula, i medici verificavano e documentavano i casi di guarigione, eseguendo check-up, raggi X, esami del sangue e risonanze magnetiche.

Inoltre, nel personale medico che esaminava i casi, verificando le opere potenti di Dio in prima persona, ha iniziato a germogliare la fede. Uno dei medici dell'ospedale, il dottor Cruz Marin ha presentato il risultato degli esami compiuti su una ragazzina di 12 anni di nome Maria Yesenia. Aveva perso la vista dell'occhio destro a causa di una febbre infantile.

Era stata sottoposta a un trapianto di cornea, ma ancora non riusciva a vedere. Dopo aver ricevuto la preghiera nella crociata, dapprima intravedeva la luce poi, pian piano ha iniziato a vederci bene.

Un altro ragazzino di 12 anni, Esteban Zuninga, positivo all'HIV sin dagli otto mesi dopo la nascita, aveva deciso di partecipare alla crociata dopo aver visto la pubblicità dell'evento in TV. Durante la preghiera per gli ammalati, gli parve che un certo calore uscisse dal suo corpo.

Il virus gli causava dei problemi di digestione, e per questo non era mai stato in grado di mangiare bene. Dopo la crociata, i soliti dolori erano completamente spariti, per questo iniziò a mangiare bene. Fu sottoposto a una visita medica e, a seguito di accertamenti, fu dichiarato sano.

Osman Guerra Miranda aveva l'aids. Non riusciva più nemmeno a camminare e praticamente viveva sdraiata. Volle partecipare alla crociata e durante la mia preghiera sentì come se un fuoco stesse attraversando il suo corpo. In quell'attimo esatto il dolore se ne andò. Si alzò immediatamente e iniziò a camminare.

Batres Arnaldo era il responsabile della sicurezza nella

crociata. Un mese prima dell'evento si era ferito ad una gamba. Per questa ragione aveva difficoltà a compiere alcuni movimenti e non poteva nemmeno pensare di poter correre. Malgrado questo, aveva lavorato sodo per la crociata, anche con la gamba dolorante. Durante la preghiera per gli ammalati sentì tutto il suo corpo che tremava, poi sentì di essere fresco ed infine guarì, tanto che il giorno successivo lo trovammo che giocava a calcio.

Anche su figlia di 8 anni, che era stata sempre cagionevole di salute sin dalla nascita, ricevette la preghiera ed ora sta bene.

Suiafa Liera era una mormona. Aveva guardato tutta la crociata in TV, e, durante la preghiera per gli ammalati, mise le sue mani sulle gambe. Otto mesi prima era stata coinvolta in un incidente d'auto e ora non poteva più muoverle. Quando ha ricevuto la preghiera, il fuoco dello Spirito Santo scese su di lei e immediatamente camminò e corse. Oggi non è più mormona e si è convertita al protestantesimo.

I pastori locali continuavano a ripetere: «Sembra di vivere scene della Bibbia, ora credo davvero che il nostro Dio è onnipotente!» Ascoltare questi commenti è stata la mia ricompensa.

Proprio come al tempo di Gesù, i malati chiedevano con fede, sperimentavano le opere di fuoco dello Spirito Santo e venivano guariti.

Quando tornai in Corea dopo la crociata, ho ricevuto una lettera del Vice-presidente dell'Honduras, in cui mi ringraziava a nome di tutti gli onduregni per aver guarito tante persone e averli guidati spiritualmente.

Una nuova dimensione di potenza

Grandi opere della potenza di Dio erano state manifestate in ogni crociata all'estero, ma io non ero molto soddisfatto. Questo non era sufficiente per compiere la missione mondiale con quel livello di potere, perché questo mondo è pieno di peccati.

Dopo la crociata in Honduras, Dio mi ha portato in una nuova dimensione di potenza, mi ha rivelato misteri riguardo la «voce originale della creazione,» cose su cui non avevo mai sentito parlare prima. Mi ha dato un nuovo obiettivo: ricercare e trovare la voce originale per raggiungere la perfezione del potere più alto della Creazione.

«*A colui che cavalca sui cieli dei cieli eterni! Ecco, egli fa risonare la sua voce, la sua voce potente.*» (Salmo 68:33).

La voce originale è la voce dell'Iddio Creatore. È così grande e magnifica che risuona in tutto l'universo. Dio ha creato l'universo e tutte le cose che esistono con la sua voce. La voce originale di Dio è incorporato in tutte le cose che esistono, tanto immediatamente obbediscono quando questa voce è «suonata.»

«Lo Spirito mio non contenderà per sempre con l'uomo poiché, nel suo traviamento, egli non è che carne; i suoi giorni dureranno quindi centoventi anni.» (Genesi 6:3).

Una sola entità non è in grado di sentire questa voce originale: è l'uomo di carne che non è rinato dall'acqua e dallo Spirito. Per risvegliarlo occorre la potenza di Dio.

L'elenco delle cose che obbediscono alla voce, al comando, di Gesù è leggibile nei quattro Vangeli.

«I discepoli, avvicinatisi, lo svegliarono, dicendo: 'Maestro, Maestro, noi periamo!' Ma egli, destatosi, sgridò il vento e i flutti, che si calmarono, e si fece bonaccia. Poi disse loro: 'Dov'è la vostra fede?' Ma essi, impauriti e meravigliati, dicevano l'uno all'altro: 'Chi è mai costui che comanda anche ai venti e all'acqua, e gli ubbidiscono?'» (Luca 8:24-25).

Il vento e le onde obbedirono al comando di Gesù. Egli comandò con la voce originale della creazione, il suono a cui anche i non viventi e le cose inanimate obbediscono. Gesù, infatti, parla facendo risuonare la voce originale di Dio.

Le differenze tra la potenza che si manifesta attraverso il suono originale della voce della creazione e quella che si manifesta attraverso la preghiera della fede sono l'impatto e la

velocità. La voce originale può portare in essere le opere della creazione immediatamente, mentre la preghiera della fede muove prima le schiere celesti e gli angeli, e quindi impiega più tempo.

La storia della Corea ha visto la presenza di alcune persone sagge che hanno profetizzato cose a decenni o addirittura a centinaia di anni prima che accadessero.

Queste persone si erano liberate della loro natura malvagia attraverso un lungo periodo di tempo speso ricercando una disciplina spirituale e ottenuto attraverso lo stato del «nulla.» Non giudicavano e non condannavano nessuno, e nel silenzio sentirono la voce di Dio. Non sempre, ma qualche volta comprendevano quello che profetizzavano e ancora più raramente hanno anche visto l'adempimento delle loro profezie.

Uno di questi è, ad esempio l'ammiraglio Soonshin Lee, un uomo dal cuore buono e senza malvagità che ha sacrificato la vita per il suo re e il suo popolo. Nei suoi diari leggiamo che ha riconosciuto l'esistenza di Dio e pregato con tutto il suo buon cuore.

Poiché sapeva cosa sarebbe successo, sapeva anche dell'imminente invasione della Corea da parte del Giappone.

Malgrado le critiche, progettò e fece costruire la «Nave Tartaruga» e salvò il suo paese dalla caduta e dal massacro.

Padri della fede che hanno sentito la voce originale

Crescendo nello spirito, anche noi possiamo sentire la voce e ricevere la guida dello Spirito Santo. Quando trasformiamo questo stato di sviluppo in uno stato di annullamento del nostro essere, procediamo verso una più profonda dimensione dello spirito e siamo in grado di sentire la voce originale di Dio. Dio disse che il mio intero essere, lo spirito, l'anima e il corpo dovevano diventare nulla. (1 Tessalonicesi 5:23).

Nella Bibbia leggiamo di persone che hanno ascoltato la voce originale di Dio.

Perché il mar Rosso si aprisse Mosè dovette obbedire alla voce di Dio e allungare il bastone verso l'acqua comandandogli di aprirsi. Poi una grande opera ebbe luogo.

Quando Giosuè comandò al sole e alla luna di fermarsi aveva sentito la voce originale e aveva comandato. Questo è il motivo per cui il sole e la luna si fermarono, e non perché avesse una fede fantastica o il potere di fermare il sole e la luna dentro di sé.

Se fosse stato così, allora avrebbe potuto pronunciare «che

tutti i soldati Amalechiti siano distrutti» e la guerra sarebbe finita immediatamente.

Fu lo stesso quando Lazzaro era morto da quattro giorni e Gesù lo chiamò per rianimarlo. Gesù aveva già sentito la voce di Dio. In realtà, ha sempre sentito la voce del Padre.

Poiché conosceva la voce del Padre ordinando a Lazzaro di resuscitare, questi uscì dalla tomba, vivo. Gesù non aveva nessun dubbio o preoccupazione che ciò che stava comandando non si sarebbe verificato.

Il frutto del sangue del martirio di Tommaso

Chennai, in India, è il luogo dove l'apostolo Tommaso predicò il Vangelo e fu martirizzato. Ora in quel luogo sorge una cattedrale in memoria di lui. Tommaso era uno dei dodici discepoli di Gesù. Egli è meglio conosciuto come l'apostolo del dubbio. Dopo aver incontrato il Signore risorto, però, la sua fede divenne forte, ricevette lo Spirito Santo, predicò il vangelo e morì da martire.

Nell'ottobre del 2002, Dio mi ha guidato verso l'India, un paese a prevalenza religiosa indù. Egli mi rivelò che si trattava della prima crociata in India dove le opere della voce originale della creazione sarebbero state manifestate e per questo era stata preparata sin dal prima dei secoli. Una pietra miliare perché il vangelo si diffondesse in Medio Oriente e Israele.

Una grave siccità

Chennai si trova nella parte sud-orientale dell'India, ed è la quarta città più grande della nazione. È qui che abbiamo organizzato la prima crociata presso il Marina Beach con il sostegno del Chennai Full Gospel Ministry.

L'8 ottobre, ho lasciato l'aeroporto di Incheon. Mentre volavamo verso Singapore arcobaleni apparivano e sparivano. Ho detto che molte volte vediamo arcobaleni quando siamo in viaggio di missione, ma questa volta, l'arcobaleno ha addirittura seguito l'aereo per circa un'ora.

Forse, era il segno che Dio sarebbe stato con noi per i quattro giorni di crociata, visto che l'arcobaleno che ci seguiva era un insieme di 4 cerchi. Non solo, a tratti eravamo circondati anche da arcobaleni ad arco. L'intero staff era entusiasta e continuavano tutti a fare foto e video, nella gioia e sorpresa più totali.

Verso le 22:00, l'8 ottobre, siamo arrivati all'aeroporto di Chennai. Piovigginava. Quando sono arrivato in macchina e stavo lasciando l'aeroporto, la pioggia si fece più forte.

Quelli che erano venuti a prenderci erano stranamente felici, così gioiosi della pioggia che stavano tutti fuori a bagnarsi. Mi spiegarono che avevano subito una siccità negli ultimi tre anni, e non avevano avuto alcun pioggia per 9 mesi, e che questa condizione aveva procurato grossi problemi sociali.

L'intera città di Chennai aveva fatto da poco uno sciopero generale contro il governo centrale a causa dei problemi connessi all'approvvigionamento idrico. Sono arrivato che queste erano le condizioni del paese, e con me è arrivata la pioggia, tanto che alcuni mi indicavano come il «Dio della Pioggia.»

Legge anti-conversione

Dio desiderava ricevere la gloria attraverso questa crociata e per questo Satana ha tentato in ogni modo di ostacolarci.

Alcune persone diffusero delle false notizie per fermare la crociata, ma questo era di poca importanza rispetto a ciò che stava avvenendo: era appena stato approvato un decreto legge contro le conversioni e il proselitismo. In sostanza il decreto era questo:

> «Nessuno è autorizzato a convertire o a tentare di convertire, direttamente o in altro modo, qualsiasi persona da una religione all'altra con l'uso della forza o con lusinghe o con mezzi fraudolenti. Chiunque sarà accusato di tale violazione rischia una pena detentiva fino a tre anni e una multa di 50.000 rupie. Se il convertito è un minore, una donna o una persona appartenente a una casta elevata la carcerazione potrebbe essere anche di cinque anni e la multa pecuniaria di 100.000 rupie.»

I leader religiosi coinvolti in un atto di conversione erano da segnalare all'amministrazione locale.

Questa legge entrava in vigore esattamente il primo giorno della crociata, il 10 ottobre. Rischiai di essere arrestato per predicare il Vangelo.

Fino al momento in cui ero arrivato in India non ne sapevo nulla perché lo staff della chiesa che preparava la crociata non mi aveva comunicato niente a riguardo. Non volevano che io mi preoccupassi e quindi avevano pensato di non dirmelo.

A causa di questo tipo di situazione, gli organizzatori mi chiesero di predicare un messaggio unicamente di pace e benedizione.

Se non potevo predicare Dio Creatore e Gesù Cristo Salvatore, non aveva alcun senso la mia presenza nella crociata. Decisi che non mi sarei tirato indietro, avrei predicato quello che dovevo, anche se questo significava essere arrestato. In ogni sessione di predicazione avrei sottolineato che potevano essere perdonati dei loro peccati e salvati accettando Gesù Cristo e avrei predicato sulla bellezza del paradiso e sull'orrore dell'inferno.

Conferenza dei pastori

Il 10 ottobre fu il primo giorno della crociata e un grande arcobaleno circolare attorno al sole apparve sulla città Chennai. La mattina si svolse la conferenza dei pastori in Kamaraj Arangam come pianificato.

Circa 3.000 pastori, il doppio di quello che gli organizzatori avevano previsto, partecipò alla conferenza. In quest'occasione parlai del motivo per cui Dio aveva posto l'albero della conoscenza del bene e del male nel giardino.

Nel vederli così attenti e sentirli applaudire di tanto in tanto, capivo che erano spiritualmente assetati.

Il mio traduttore per la conferenza era in forte ritardo e dovemmo trovare in tutta fretta qualcuno che lo sostituisse. In seguito venni a sapere che l'interprete aveva stipulato un accordo con una persona del comitato organizzativo: avrebbe tradotto solo se io non avessi parlato di cose riguardanti il regno spirituale.

Stavo insegnando sull'albero della conoscenza del bene e del

Festival di preghiera e guarigione in India (Marina Beach)

male, e se avessi tralasciato i contenuti sul Giardino dell'Eden, il nucleo fondamentale sarebbe venuto a mancare.

L'incidente con il traduttore aveva portato dei ritardi ma io sapevo che questa era la mano di Dio che proteggeva il messaggio e così decisi che avremmo utilizzato l'altro appena trovato.

Arrivai a Marina Beach alle 6 di pomeriggio, con grandi aspettative e un leggero senso di nervosismo. È stimato che

Marina Beach sia la spiaggia più lunga del mondo. Era solo a circa quindici minuti di distanza dall'hotel e dalla mia camera d'albergo, vedevo la location della crociata. Il palco era molto grande, largo circa 45 metri e alto 15. Sapevo che aveva una portata di 2.000 persone, era abbastanza ampio per ospitare tutti coloro che sarebbero venuti a dare la loro testimonianza. Il posto era così grande che diversi schermi da 25 metri erano stati posizionati nell'area. Mancava solo un'ora alla crociata e vedevo che molta gente era già arrivata.

Inizio della Grande Crociata

Quel giorno ho predicato su Dio Creatore proclamando che avrei mostrato loro che Dio è il vero Dio, che Egli è onnipotente e che opera davvero. Dopo il messaggio ho pregato per i malati con tutte le mie forze. Molti demoni sono stati cacciati e innumerevoli infermi sono stati guariti. Tutto in diretta su diversi canali televisivi.

Uno di loro era Ganesh, un ragazzo di 16 anni. Era stato coinvolto in un incidente d'auto in seguito al quale era stato portato in ospedale dove fu scoperto che aveva un tumore al femore. Fu operato, gli fu rimosso il tumore e una sezione del femore, e al suo posto gli furono inserite alcune barre di metallo per collegare la coscia all'anca e gli imposero il riposo assoluto per 6 mesi, dopo i quali aveva comunque enormi difficoltà a stare seduto e a camminare. Ciononostante, volle partecipare alla crociata e arrivò a Marina Beach facendosi aiutare dai suoi amici. Quando ricevette la preghiera per gli ammalati sentì di essere stato investito da qualcosa simile a una scossa elettrica. Da quel momento il dolore l'ha lasciato e oggi non ha più bisogno delle stampelle e cammina normalmente.

Il secondo giorno della crociata, la mattina molto presto piovve fortemente.

Nel pomeriggio più persone del giorno prima si radunarono presso Marina Beach e di conseguenza, ancora più opere di guarigione. Dopo le preghiere per le guarigioni, innumerevoli persone affollarono il palco per testimoniare, sorprendendo molto gli organizzatori.

Molti predicatori cristiani famosi avevano tenuto crociate sulla spiaggia di Marina, ma mai prima d'allora erano state viste così tante guarigioni e testimonianze immediate. Nessuno si aspettava una cosa del genere!

La Provvidenza di Dio sulla crociata più grande

Al terzo giorno della crociata arcobaleni circolari e ad arco splendevano nel cielo, di nuovo, centinaia di migliaia di persone si sono presentate e abbiamo dato inizio al servizio.

Accadde qualcosa di inaspettato. Improvvisamente ci fu un forte vento e, durante la predicazione, tuoni, fulmini e una pioggia molto pesante iniziò a scrosciare, tanto che non potevo neanche tenere più gli occhi aperti da come mi colpiva il viso. Anche il palco era stato scosso dal forte vento, e tra i partecipanti si iniziava a percepire un forte disagio. Se fosse continuato così se ne sarebbero andati via tutti. Dal canto mio li ho esortati a non farsi disturbare da questa pioggia, a vincere con la fede e a dare gloria a Dio. Presto, la situazione nella folla si era tranquillizzata e tutti ascoltavano il messaggio tra la pioggia battente.

In ogni caso ero abbastanza turbato. La mia preoccupazione più grande era che le apparecchiature tecniche si stavano bagnando e potevano rompersi, creare un corto circuito e, soprattutto, pensavo alla diretta TV che avrebbe potuto essere interrotta da un momento all'altro. Presi tutte queste ansie, le gettai fuori dalla mia mente e riempii la mia anima con un unico pensiero di fede: Dio ci avrebbe protetto.

Sorprendentemente, malgrado il forte vento, la pioggia e i fulmini che ormai andavano avanti da più di un'ora, sia le luci, che i video schermi, che le apparecchiature elettriche e quelle per le riprese televisive non furono danneggiate.

Sul palco c'erano fili elettrici e gruppi elettrogeni che la pioggia aveva inondato ma non successe nulla. Nulla! Neanche un piccolo corto circuito. Non ci fu un solo incidente, perché Dio ci aveva protetti.

Mentre portavo il messaggio, nel mio cuore pregavo perché la pioggia si fermasse. Quello che avevo ottenuto, però era che la pioggia si faceva sempre più pesante. Negli ultimi 20 anni, Dio ci aveva sempre fatto dono di condizioni climatiche perfette in ogni tipo di evento all'aperto. Attraverso la preghiera anche gli uragani si erano fermati e quindi questa era la mia prima volta come predicatore inzuppato di pioggia.

Ero così nervoso che persi forza nelle gambe. Volevo solo sedermi e piangere. Ma non potevo, non potevo farmi vedere in lacrime. Ho continuato a predicare il messaggio sotto la pioggia, e fradicio, ho pregato anche per i malati. Tutto questo senza nemmeno avere un ombrello! Penso che la gente nel vedermi si sia commossa e forse anche per questo nessuno lasciò la riunione.

Dio ci ha mostrato grandi opere di guarigione quel giorno, e numerose persone l'hanno visto in diretta sia in TV che su

Si prega per i malati sotto la fitta pioggia

Internet.

Dopo la preghiera per i malati sono iniziate le testimonianze di guarigione. Li guardavo in silenzio e loro guardavano me, alcuni in lacrime, pieni di gratitudine per aver ricevuto la grazia.

Quando sono tornato in albergo, ho chiesto a Dio perché, nonostante la preghiera, la pioggia non si fosse fermata. Lui mi rispose che la pioggia battente e il vento forte erano parte della provvidenza di Dio e che la sua provvidenza non poteva essere in alcun modo fermata, neanche dalla mia preghiera.

«A motivo delle intemperie di oggi, Dio e Gesù sono

profondamente piantati e mantenuti nella mente del popolo indiano, e anche tu, per questo, resterai nei loro pensieri.»

Poi, mi spiegò che il motivo per cui Egli ci aveva mandato quelle forti piogge era di lasciare che i pastori locali e i presenti comprendessero che cosa è la vera fede, per scolpire l'amore di Dio dentro i loro cuori. Inoltre, a motivo della fede che avevamo mantenuto durante questo evento così particolare, Egli ci avrebbe inondato di benedizioni.

Sin dal 2001 Dio mi aveva detto che la crociata in India era stata prevista prima dell'inizio dei tempi e che sarebbe stata la più grande per molti aspetti.

Dio, che conosce il cuore di tutti, sapeva che quella sarebbe stata la crociata più numerosa che avessimo mai organizzato.

Non solo, fu trasmessa in diretta su quattro canali televisivi nazionali, come pure su Internet. Era qualcosa di molto raro che una cosa così avvenisse per un evento cristiano, soprattutto in un paese come l'India.

Un numero enorme d'indiani ha guardato la crociata in TV, e tutti hanno testimoniato che siamo andati avanti malgrado la pioggia pesante, e per questo sono stati toccati profondamente. Hanno visto il vero amore di Cristo, e l'amore di Dio è stato inciso profondamente nei loro cuori.

«Chi è quella persona che ama il popolo indiano con tanta devozione da non andare via malgrado la pioggia battente?»

La folla più numerosa

Il giorno dopo, il 13 ottobre, è stato superato ogni record.

Oltre 1 milione e 500 mila persone si sono radunate a Marina Beach. Tra loro, molti di quelli che avevano seguito la crociata in TV. Guardando la folla dal palco non riuscivo a vedere la fine.

Alcuni dicevano che sembrava quasi che la sabbia della spiaggia si fosse trasformata in persone. Quando alla fine di quel giorno ho pregato per i malati, potevo sentire le urla dei demoni, tanti erano, che sapevano che io stavo andando a cacciarli via, e per questo gridavano.

Molti indiani sono posseduti da spiriti maligni, perché sono da sempre un popolo idolatra.

Quando però ordinavo ai demoni di uscire, le urla si estinguevano e le persone erano finalmente tranquille. Alcuni, con gli occhi spirituali aperti, vedevano che i demoni scappavano senza neanche voltarsi indietro.

Il potere della voce originale di Dio è veramente grande. Gli indemoniati erano liberati, i sordi udivano e i muti parlavano.

Alcuni dei presenti erano stati portati alla riunione in barella e ora se ne tornavano a casa sulle loro gambe. Molte malattie incurabili sono state guarite, soprattutto l'ultimo giorno della crociata.

E non è tutto. Alcuni indù, fanno una sorta di rituale magico di cui sono stato informato solo al mio ritorno in Corea. In pratica, maledicono delle uova o della frutta che per loro rappresenta una persona che odiano o che vogliono venga distrutta, e poi, appendono questi frutti maledetti in casa aspettando che la magia si compia.

Un non credente, la cui moglie però era una credente e guardava la crociata in tv, aveva appeso molte uova maledette nella loro casa.

Durante la preghiera per i malati, tutti i chiodi a cui erano

Numerose persone testimoniano il loro miracolo di guarigione

appese le corde che sostenevano le uova caddero. Tutti insieme.
Tutte le uova si ruppero. Il marito fu molto sorpreso da ciò che
era accaduto e da quel giorno ha iniziato a frequentare una chiesa
e mai più farà un atto di magia.

I pastori locali ci riferirono che questa fu la crociata dei record
per molti aspetti. Dio creatore e Gesù Cristo erano stati predicati
in armonia e la parola era stata confermata attraverso i segni. Il
messaggio era stato irreprensibile e nessuna accusa poteva essere
mossa riguardo la veridicità di quanto predicato.

Gli organizzatori ci dissero che oltre il 60% dei partecipanti era indù. Molti hanno accettato Gesù Cristo e si sono convertiti.

Non solo a Marina Beach, ma in 9 diverse città del paese, sono stati organizzati dei luoghi di ritrovo con megaschermi in cui la crociata veniva trasmessa. Sappiamo che in totale diverse decine di migliaia di persone si sono radunate, hanno ascoltato il messaggio e sono state guarite. Questo evento è stato di fatto un momento memorabile, una pietra miliare nella storia della cristianità indiana. In questa crociata, è stato raccolto il frutto seminato attraverso il martirio di Tommaso.

Finalmente abolita la legge anti-conversione

Sin dal mio arrivo in India, vedevo gli sguardi duri con cui i poliziotti mi controllavano. Con il passare dei giorni, però, anche questo è cambiato. Infatti, nel testimoniare delle tante persone guarite, molti agenti sono venuti a parlare con me, alcuni perché pregassi per loro e altri addirittura si sono inginocchiati per ricevere la preghiera.

La polizia ha riferito al governo dei Tamil Nadu e al governo centrale che oltre 3 milioni si erano raccolte in totale durante i 4 giorni dell'evento cristiano, e che, tutto si era svolto senza incidenti. Fu una chance di grande importanza per il cristianesimo, perché venisse rivalutato all'interno della società indiana. Molti cristiani che fino a quel momento avevano vissuto spaventati, sotto l'ombra di possibili repressioni, hanno ritrovato l'orgoglio di essere credenti.

Numerose sono le persone che si sono convertite e il cristianesimo è stato rafforzato. I vari leader cristiani di diverse estrazioni si sono uniti e hanno rilasciato una dichiarazione congiunta al governo indiano in cui si chiedeva l'abolizione della legge anti-conversione. Hanno messo in atto una sorta di protesta pacifica, chiudendo le scuole cristiane e gli ospedali, digiunando e pregando perché il governo ritirasse questa legge. Prima della crociata questo sarebbe stato inimmaginabile.

Infine, nelle elezioni del 2004, il partito All-India Anna Dravida Munnetra Kazhagam (AIADMK) perse. L'AIADMK era la fazione politica a cui apparteneva il governatore dello stato Tamil Nadu, la signora Jayalalitha. Al suo posto, diventando la maggioranza, vinse il Progressive Democratic Alliance (DPA), che era più amichevole nei confronti del cristianesimo.

Fu anche per questo che il governatore dello stato, la signora Jayalalitha, rilasciò molti decreti e diverse leggi per imbonire il cuore dei cittadini, tra cui quello in cui si aboliva la legge anticonversioni del 18 Maggio 2004.

Alla crociata avevano partecipato molti pastori ma anche tanti inviati stampa e giornalisti dagli Stati Uniti, Medio Oriente, Russia, Australia, Israele e altri paesi. Hanno assistito alla potenza di Dio, che pensavano fosse esistita solo nelle storie della Bibbia, e ci hanno chiesto di organizzare crociate anche nei loro paesi per un totale di 30 nazioni.

Quella in India era la settima crociata a partire dal 2000. Non ho mai deciso con i miei pensieri e per conto mio il luogo, ho solo seguito il comando di Dio.

wskazówką.

Capitolo 7

I popoli verranno
alla tua luce

Cosa è successo a Dubai

Al termine della crociata in Uganda Dio mi disse che sarei dovuto andare a Dubai. Fino ad allora, non avevo mai sentito il nome Dubai.

Dopo di che, di ritorno dalla crociata in Kenya, ci siamo recati a Dubai. Era la mia prima volta in quella terra e mentre eravamo ancora in aeroporto, ho pregato: «Padre, che tu sia grandemente glorificato in questo luogo.»

Dubai è il secondo emirato degli Emirati Arabi Uniti, il luogo da cui la Corea importa la maggior parte del suo petrolio. Dio mi disse che le sette crociate precedenti erano state crociate di grande impatto, soprattutto in termini di quantità, ma questa sarebbe stata una crociata «qualitativa.»

Egli mi disse anche di eliminare lo schema di pensiero su cui eravamo abituati a ragionare, perché, in realtà, la ragione per cui eravamo a Dubai non era neanche la stessa crociata. Io ero lì perché avrei conosciuto degli alti funzionari e con ciò, avrei adempiuto, in seguito, alla provvidenza della costruzione del grande santuario.

Ricevemmo l'approvazione dalle autorità a organizzare un incontro che chiamammo «Festival Cristiano Coreano Culturale,» dal 2 al 4 aprile 2003, presso una sala conferenze dell'International Hyatt Hotel. Lo scopo dell'incontro era quello di condividere alcuni aspetti artistici e culturali della Corea, come danze tradizionali e musica, per agevolare la reciproca conoscenza e così intrattenere migliori relazioni di cooperazione tra i due paesi. Questo era anche il modo più agevole che potessimo trovare per predicare il vangelo.

Avremmo potuto avere l'incontro in una chiesa, ma se l'avessimo fatto, i musulmani non sarebbero stati in grado di partecipare. Per questo motivo abbiamo scelto un hotel. Sapevo sin dall'inizio che l'incontro, come lo avevamo pianificato noi, non si sarebbe tenuto. Ero provato per questo e commosso nel cuore, ma non ho detto niente al nostro staff. Lasciai che si preparassero con fede.

Anche se Dubai è relativamente più aperta rispetto ad altri paesi del Medio Oriente, è ancora un paese islamico, e predicare agli arabi è severamente vietato.

Sono arrivato a Dubai il giorno prima della crociata. Mi è stato notificato che l'incontro era stato annullato per motivi di sicurezza.

Era un momento particolare, subito dopo l'inizio della guerra in Iraq e la situazione mondiale non era stabile. Ma tutte queste motivazioni non era la causa diretta dell'annullamento della riunione. Uno dei nostri membri dello staff aveva per caso incontrato il principe ereditario di Dubai, venuto a ispezionare la struttura, e vedendo questa persona nei pressi della sala lo aveva invitato all'incontro. Venendo a conoscenza che si trattava di un evento cristiano, il principe impartì l'ordine diretto di annullare la riunione.

Sotto stretta sorveglianza della Polizia

Il 2 aprile, oltre 100 agenti di polizia hanno condotto un'ispezione accurata intorno all'hotel, mandando via chi veniva per partecipare alla riunione e osservando ognuno di noi da vicino.

Il diavolo, il nemico, pensava che in questo modo la partita fosse chiusa, perché la riunione era stata cancellata dalle massime autorità del paese, ma, la provvidenza di Dio era all'opera e di lì a breve si sarebbe compiuta.

Il giorno dopo, abbiamo ricevuto una richiesta di visita da parte dell'Handicapped Club Dubai (un club per disabili). Ci siamo recati presso di loro divisi in gruppi di 3, massimo 5. Poichè era stato organizzato all'improvviso, c'erano solo circa 100 persone.

La maggior parte di loro viveva in gravi condizioni di handicap fisico e molti non potevano camminare con le proprie forze. Molte donne indossavano l'abaya nero. Ho predicato per circa 15 minuti e ho pregato nel nome di Gesù Cristo, dopodiché, grandi opere di Dio hanno avuto luogo. Delle persone che non potevano camminare lo hanno fatto, alcuni hanno recuperato l'udito ed altri, che avevano il corpo irrigidito a causa di paralisi cerebrale, iniziarono a piegarsi, allungarsi e spostarsi.

Questo incontro, come le crociate precedenti è stato trasmesso in tutta Dubai attraverso Zee TV, un canale televisivo satellitare che ha sede in India e che copre 16 paesi.

Mentre mi trovavo in albergo, chi desiderava incontrare la potenza di Dio veniva direttamente me, in qualche maniera le persone riuscivano a trovare il modo di arrivare nonostante gli stretti controlli della polizia. Se avessimo avuto la crociata, non sarei stato in grado di soddisfare chi aveva bisogno individualmente, mentre ora potevo incontrare le molte persone che Dio mi mandava.

Una signora di nome Sheila Diwakar si trovava sulla sedia a rotelle da molto tempo a causa di un incidente stradale. Non solo non camminava, ma le era molto difficile muoversi anche con il resto del corpo oltre che con le gambe. Immediatamente dopo aver ricevuto la mia preghiera si alzò proprio lì e cominciò a camminare, piano, ma camminava. Non riusciva a nascondere la sua gioia.

Anche persone della stampa ci hanno aiutato. Il dott. Omer Yassin è venuto con la moglie e suo figlia, che soffriva di un disturbo del linguaggio da oltre 30 anni, a causa di un encefalo-meningite contratta in età infantile.

Dopo aver ricevuto la mia preghiera questa coppia ha visto la figlia parlare per la prima volta. Erano profondamente commossi e continuavano a ringraziarci.

Dr. Omer, che è uno scrittore e un giornalista, mi disse che avrebbe scritto riguardo la guarigione di sua figlia. Sebbene la mia visita fu breve, incontrai molte persone che si sono rivelate utili per la missione in Medio Oriente. Queste persone sono diventate le linee di collegamento per soddisfare le provvidenza di Dio.

La crociata in Russia, un evento ufficiale in occasione del 300esimo anniversario di San Pietroburgo

Il 27 maggio 2003, il Presidente russo Putin, ha invitato i responsabili di oltre 50 paesi a celebrare il 300° anniversario della fondazione della città di San Pietroburgo. Dal momento che leader da ogni provenienza erano riuniti in un unico luogo, San Pietroburgo ha catturato l'attenzione del mondo.

La nostra crociata in Russia si svolse nello stesso anno, e fu inserita nel calendario degli eventi ufficiali dell'anniversario, in qualità di incontro di cooperazione tra paesi. Sin dal primo giorno della crociata, il 12 novembre 2003, lo Stadio Olimpico di San Pietroburgo era gremito di gente.

Il mese di novembre è molto freddo e spesso nevica abbondantemente. Durante i giorni della crociata, però, la città ha goduto di un clima atipico, quasi caldo, con temperature ben sopra lo zero. Ho predicato su Dio Creatore, sul perché Gesù Cristo è l'unico Salvatore, e sulla potenza dello Spirito Santo.

Durante ogni preghiera per i malati, lo stadio è stato riempito

Festival di miracoli e guarigione in Russia (San Pietroburgo - Stadio Olimpico)

con il calore dello Spirito Santo.

C'erano persone che urlavano perché finalmente ci sentivano, altri che non camminavano che ora correvano, stampelle e tutori venivano gettati, altri buttavano via gli occhiali dopo aver recuperato la vista, e altri ancora venivano guariti da disturbi del linguaggio. Questa scena è stata trasmessa in diretta in tutto il mondo.

Al di fuori dello stadio di San Pietroburgo, c'erano crociate simultanee in cinque altri luoghi, attraverso la trasmissione in diretta su megaschermi, a Penza, Izhevsk, e in Ucraina.

Dopo la crociata, un pastore che aveva partecipato alle dirette nella città di Izhevsk mi si avvicinò. Mi disse che nonostante il freddo (certe sere la temperatura era scesa fino a -20 gradi) più di mille persone si erano radunate nella piazza per vedere la crociata e tante sono state anche guarite.

Un pastore, responsabile della cura di alcuni portatori di handicap presenti alla crociata, mi espresse la sua gioia raccontandomi che molte persone erano state guarite da problemi alla vista e all'udito.

Questa crociata fu trasmessa in diretta non solo attraverso la Russia ma anche in 150 paesi attraverso 27 canali in chiaro, reti via cavo e 12 satelliti diversi. Persone ovunque nel mondo hanno sperimentato la guarigione divina guardando la crociata in TV. Anche dei medici locali hanno partecipato alla crociata per registrare e documentare i casi di guarigione. Un medico espresse tutto il suo stupore dicendo che era scioccato nel vedere così tante persone guarite contemporaneamente grazie alla preghiera.

Il presidente della Pentecostal Church Association di Mosca mi ha fatto sapere che questa crociata ha rappresentato un punto di svolta per la rinascita delle chiese russe, essendo così chiara la presenza del fuoco dello Spirito Santo.

I pastori sono stati risvegliati dal sonno spirituale in cui si trovano, nel vedere che il potere di Dio non è solo qualcosa relegato ai tempi della Bibbia, ma è reale e può manifestarsi anche oggi. La potenza di Dio rivelata, quindi, è servita anche all'unità delle chiese.

Studi Spirituali iniziali

Dio è spirito, e in proporzione a quanto noi siamo trasformati nella verità e nello spirito, possiamo anche muoverci nel flusso dello «spazio spirituale.» Nella misura in cui cresciamo nello spirito, possiamo essere uniti con Dio nel suo spazio e ricevere la Sua potenza. In questo modo, l'autorità sprigionata nella predicazione sarà molto diversa.

Quando si predica, non è difficile impressionare gli ascoltatori, ma, per attuare un cambiamento in chi ascolta, per farsì che le parole pronunciate penetrino fino alla divisione dell'anima e dello spirito, delle giunture e delle midolla, dobbiamo ricevere da Dio l'autorità.

La profondità del mondo spirituale è sconfinata. Allo scopo di guidarmi verso delle dimensioni più elevate della sua potenza, Dio volle che approfondissi degli studi spirituali, a partire da gennaio 2003.

Era un processo necessario per me, perché sentissi la voce originale di Dio proveniente dal Suo cuore in modo completo, per rivelare la potenza più alta della Creazione.

Durante questo tempo, Dio mi spiegò molto a riguardo delle leggi spirituali prima del principio del tempo, sulle regole della giustizia, su quei profeti di Dio che avevano raggiunto un livello spirituale completo, come Abramo, Mosè, Elia, e l'apostolo Paolo.

Mi ha anche insegnato riguardo Dio Creatore, il Signore Gesù, gli altri profeti e apostoli che manifestavano la potenza di Dio. Mi rivelò le cose riguardanti i livelli di luce.

Ammaestrare i pastori riguardo le cose spirituali

Sulla base di ciò ho imparato da Dio riguardo il regno spirituale, ho voluto organizzare due conferenze per leader l'anno, per guidare i pastori della nostra chiesa e i missionari all'estero verso una crescita spirituale, l'unica strada per diventare dei servi di Dio amati e potenti. Ho insegnato loro, con tutte le mie forze, ho pregato per loro con le lacrime, mi sono aggrappato a Dio per loro.

Come l'apostolo Paolo disse: «*Perciò vegliate, ricordandovi che per tre anni, notte e giorno, non ho cessato di ammonire ciascuno con lacrime.*» (Atti 20:31), ho cercato di insegnare loro tutto quello che avevo imparato da Dio, in modo che potessero arrivare e muoversi a dei livelli di fede matura, come esseri spirituali completi.

Come sarei felice se potessi impartire la stessa potenza che ho ricevuto a più pastori possibili, in modo che il regno di Dio si possa espandere e molte più anime siano salvate! Nel luglio 2003, ho portato alla nostra 21° Conferenza Pastorale un messaggio dal titolo: «Muoversi nello Spirito.»

Durante questa conferenza ho parlato ai pastori riguardo lo 'spazio' come lo avevo imparato da Dio. Egli mi ha insegnato, infatti, come avere il suo cuore e il suo spirito per muoversi e ministrare nel flusso di questo spazio. Poi, li ammaestrai anche sui 24 anziani della Nuova Gerusalemme, esortandoli a ricercare una maggiore potenza nel proprio ministero spirituale e a nutrire una speranza maggiore per il cielo.

Molti versetti della Bibbia, come 1 Re 8:27 e Geremia 10:12, ci rendono comprensibile il concetto che il «paradiso» non è un luogo solo ma un insieme di luoghi diversi. Anche nel Nuovo Testamento, Efesini 4:10 utilizza una forma plurale dicendo: «...al di sopra tutti i cieli.»

Il cielo non è un unico immenso spazio unico, ma molti luoghi diversi. In generale, se, ipoteticamente si potessero paragonare lo spazio fisico e lo spazio spirituale, sarebbe lecito affermare che lo spazio fisico è molto più piccolo rispetto alla dimensione dello spazio spirituale.

Lo spazio fisico è paragonabile al primo cielo, e dal secondo cielo in poi, tutto appartiene al regno spirituale.

Il Giardino dell'Eden e gli spiriti maligni si trovano nel secondo cielo. Il regno celeste è al terzo cielo, e il quarto cielo ospita il trono originale di Dio, che è una dimensione diversa da quella del trono di Dio presente nella Nuova Gerusalemme.

Spazio

Tutto lo spazio dell'universo è contenuto all'interno del cuore di Dio. Egli lo possiede, lo nutre, lo conosce approfonditamente e lo rende completo.

Salmo 68:33 dice: «*...a colui che cavalca sui cieli dei cieli eterni! Ecco, egli fa risonare la sua voce, la sua voce potente!*» La voce potente di cui questo verso parla è la voce originale della creazione.

Questo è il livello che possiede e controlla anche lo spazio del quarto cielo, il livello a cui risuona la voce originale, o come qui è chiamata la 'voce potente.' Questa voce, però, non è udibile per noi.

Quando la voce originale della creazione risuona, tutto, in ogni dimensione, le obbedisce. L'autorità e la dignità del suono di questa voce fanno tremare tutti i cieli.

Se una persona dovesse sentire questa voce, il timpano si frantumerebbe. Siamo in grado di ascoltare questa voce potente solo quando Dio ci apre le orecchie spirituali.

Dio, prima di tutto, mi impartì la conoscenza spirituale riguardo lo spazio nel cielo quarto. Questo è possibile quando si va oltre lo stato del proprio 'spirito' e si entra nel livello puro dello spirito di Dio, possedendo così dimestichezza con lo spazio del quarto cielo. Da questo punto è possibile controllare nello spirito anche il secondo e il terzo cielo.

Coloro il cui spirito era completo, come Elia, Mosè, e l'apostolo Paolo, hanno raggiunto il livello in cui controllavano gli spiriti maligni presenti nel secondo cielo (o secondo regno spirituale). Gli spiriti maligni, infatti, tremano davanti agli individui dallo spirito completo, e in effetti, non possono nemmeno avvicinarsi in prossimità di quelle persone.

Questo è il motivo per cui il diavolo, il nemico, incita i malvagi a infliggere sugli uomini dallo spirito integro persecuzioni e ostacoli. Questa autorità è il potere che Dio ha concesso agli spiriti del male fino a quando la coltivazione umana su questa terra sarà terminata. Il diavolo usa quest'autorità perseguitando e disturbando le opere del regno di Dio.

È per questo motivo che, dopo aver raggiunto un livello di spirito completo, dobbiamo continuare a combattere contro le potenze delle tenebre finché il nostro ministerio su questa terra sarà terminato. Quando possediamo il quarto cielo nello spirito, la potenza attraverso la quale eseguiremo le opere di Dio è quella del suono della creazione, e su queste, il diavolo non ha nessun potere.

Qualcuno potrebbe ribadire: «Ma se Dio ha lasciato del potere agli spiriti maligni, forse anche loro sono in grado di compiere opere potenti.» Per rispondere in poche parole, dirò che il diavolo non può eseguire opere potenti attraverso la sua autorità.

Il diavolo, il nemico, può infliggere prove e difficoltà su coloro che abbandonano la parola di Dio, che peccano e disturbano le opere del regno. Dio disse al serpente che avrebbe mangiato la polvere della terra tutti i giorni della sua vita (Genesi 3:14), ma nella realtà, i serpenti non mangiano la polvere ma si cibano di esseri viventi come le rane o i topi.

In questo passaggio la polvere ha un significato spirituale ben preciso. Si riferisce a colui che è stato fatto dalla polvere della terra. Dio permette al diavolo di divorare gli uomini che disobbediscono alla parola di Dio e commettono peccati.

Il potere originario della creazione fa resuscitare i morti, camminare gli zoppi, aprire gli occhi ai ciechi, ed è un potere che appartiene solo ed esclusivamente a Dio. Il diavolo non possiede questa potenza, e la Bibbia è chiara a tal proposito.

Nel mio processo di formazione riguardo lo spazio del quarto cielo, Dio ha annientato tutta la mia energia fisica per riempirmi di energia spirituale. In questo processo, il mio corpo ha attraversato delle anomalie, a motivo del passaggio tra il mondo tridimensionale – il nostro – e quello composto da quattro dimensioni – il quarto cielo. Lo spazio spirituale nella quarta dimensione è quello in cui Dio esisteva esclusivamente come suono originale e come luce. In questo livello, le cose hanno il loro compimento dal momento in cui il cuore le concepisce.

Benedizioni attraverso le tre prove permesse dalla provvidenza divina

Supponiamo che il potere di Gesù abbia un valore ipotetico pari a 100. Considerate, poi, che il potere maggigore che un uomo spirituale completo può manifestare sia pari a 50.

Tra i vari personaggi della Bibbia, l'apostolo Paolo è quello che manifesta le opere più potenti. Oltre ad aver attivamente comunicato con Dio, ha scritto 14 libri della Bibbia. Tutto quello che Paolo ha compiuto è stato straordinario, ma sempre in meno del 50% rispetto alla potenza di Cristo.

Ecco perché non abbiamo racconti di Paolo che riporta la vista ai ciechi o la parola ai muti. Paolo non era in grado di manifestare le opere che trascendono i limiti del tempo e dello spazio.

Alcuni pensano che Mosè abbia manifestato un livello di potere maggiore rispetto a quello di Paolo, avendo mostrato segni e prodigi straordinari, come l'apertura del Mar Rosso, in obbedienza alla Parola che Dio aveva pronunciato.

Eppure, nel caso dell'apostolo Paolo, anche senza il comando di Dio, attraverso la sua fede, segni e prodigi si manifestavano. Per compiere la missione verso il mondo, in questo momento storico così carico di peccato e malvagità, Dio mi ha detto che non è più sufficiente neanche il livello di potenza del 50 per cento che aveva l'apostolo Paolo.

Se la forza che avevo era 1 al momento dell'apertura della chiesa, Dio ha riempito il restante 99 e ci ha mostrato grandi segni e prodigi. Attraverso varie prove di fede in questi anni, il potere che era aumentato a poco a poco, aveva raggiunto il livello pari a 50 appena prima delle tre prove iniziate nel 1998. Questo livello di potenza, però, non era sufficiente a soddisfare la provvidenza di Dio.

Questo è il motivo per cui Egli mi ha guidato verso l'acquisizione di un maggiore potere mediante le tre prove. Ho dovuto passare attraverso il tradimento di molte persone e sono stato perseguitato senza ragione, tutte prove che ho superato con gioia, gratitudine, preghiera, amore e bontà.

Il diavolo ha cercato di distruggermi ma non ci è riuscito. La legge del regno spirituale impone che il salario del peccato sia la morte. Pertanto, il diavolo non può uccidere o distruggere chi non commette peccati. Il diavolo incitò i malvagi perché Gesù fosse crocifisso, ma, essendo Gesù senza peccato, Egli spezzò l'autorità della morte e resuscitò.

Da quel momento in poi, il diavolo non poté più intralciare la mia strada e ostacolare la missione. Dopo aver superato quelle tre prove, Dio mi ha impartito la luce di tutti e quattro i livelli di potenza. Prima di allora, quando pregavo, il potere scendeva dal cielo e usciva attraverso di me, ma da allora, la luce della potenza di Dio ha cominciato a nascere da dentro di me.

Perché si concluda la coltivazione umana in questo mondo così pieno di peccati, abbiamo bisogno del potere della creazione. Questo è il motivo per cui Dio mi ha guidato fino a questo livello, consentendo queste prove terribili, in modo che il diavolo non potesse accusarmi di nulla e opporsi quando Dio mi ha impartito la sua potenza. Senza aver superato questo processo, Satana avrebbe obiettato davanti a Dio dicendo: «Come hai potuto dare tutto questo potere a un uomo che non è irreprensibile? È questa la vera coltivazione umana?»

Dio opera in perfetta giustizia, senza macchia. Ha coltivato gli esseri umani per un periodo di tempo molto lungo, ma non ha mai fatto qualcosa che non fosse secondo giustizia. Ecco perché mi ha dato i quattro livelli di potere e mi ha addestrato perché potessi perfezionarli, al fine unico ed esclusivo di predicare il vangelo del Signore in tutto il mondo.

Attraverso questo processo, che ha stabilito nel mio cuore il suo amore e la sua giustizia, ho profondamente compreso sia l'umanità di Dio che, in bontà comprende ogni essere umano, che la sua divinità, in grado di discernere il male che risiede nel cuore di ogni uomo.

Nel 2000, il livello di potenza è aumentato notevolmente. A partire dalla crociata in Uganda, le porte verso le missioni all'estero si sono spalancate e il potere della creazione si è manifestato. Non è stato, e non è facile, per il corpo di un uomo entrare nello spazio della quarta dimensione.

Basti pensare a quanto sia difficile per gli astronauti adattarsi ai diversi ambienti, motivo per cui fanno molta preparazione, e, proprio come per loro che devono fronteggiare una resistenza quando vanno fuori dell'atmosfera terrestre, anche il mio corpo è stato preso da forti convulsioni durante il processo che mi ha portato a possedere lo spazio della quarta dimensione.

Nel novembre 2003, la mia formazione – e di conseguenza le convulsioni – ha raggiunto il suo picco intorno al periodo della crociata in Russia. Non riuscivo nemmeno più a dormire perché il mio corpo veniva preso continuamente da convulsioni, fino al 2004 quando iniziarono a diminuire.

Tuttora, il peso della missione mondiale, quello della costruzione del santuario, le questioni finanziarie e altre cose, mi pressano molto. Quando tutte queste preoccupazioni, come anche le convulsioni, spariranno naturalmente, io avrò riposo.

Il 15 Aprile 2004 era il giorno in cui terminavano i miei studi spirituali. Da quel giorno in poi, dovevo mettere in pratica tutto quello che avevo imparato. Ero nella mia casa di preghiera quel giorno e vidi un arcobaleno circolare splendere intorno al sole.

Potevo sentire che il potere dentro di me era molto aumentato da dopo gli studi spirituali. Le opere di guarigione succedevano molto più rapidamente rispetto a prima, tanto che anche io stesso ero stupito.

Una persona con gravi ustioni su cui avevo pregato fu guarita e completamente restaurata dalle terribili cicatrici in una sola settimana. I membri della chiesa ricevevano benedizioni in fretta. Tutto era diventato veloce.

Quando avrò finito completamente questa formazione spirituale, allora sarò in grado di manifestare le opere potenti dell'Eterno, nell'ambito della legge dell'amore e della giustizia di Dio, senza ostacoli che trascendono i limiti dello spazio fisico e spirituale.

Nell'ottobre del 2004, ho iniziato la formazione spirituale

direttamente dalle mani di Dio che mi guida in livelli sempre più profondi del suo potere.

Guarito dalla depressione seguendo il servizio su internet

A causa dello stress eccessivo dovuto al suo lavoro, Wei Iran, che viveva a Taiwan, soffriva di depressione e di conseguente insonnia da maggio 2004. Aveva difficoltà a respirare tanto che un giorno fu ricoverata e sottoposta alla maschera di ossigeno.

Non c'era farmaco che funzionasse. La causa principale della depressione è lo stress, ed è una condizione molto difficile da superare attraverso la propria volontà. Nei casi più gravi, i pazienti si suicidano. Questo fenomeno, purtroppo, ora è diffuso in tutto il mondo.

Le condizioni di Wei Iran continuavano a peggiorare tanto che dovette stare a casa dal lavoro per tutto il mese di luglio. Inoltre, non soffriva solo di depressione ma anche della malattia di Meniere, il che significava che aveva vertigini e perdeva l'equilibrio. Nel giro di breve tempo, non poteva più mettere a fuoco con gli occhi e il corpo le divenne rigido, tanto da dover essere aiutata nei movimenti quotidiani.

Immersa in questa difficile situazione, lasciò che dei suoi amici le parlassero del Vangelo e decise di visitare la chiesa, la Taiwan Manmin Church. Non potendo sempre spostarsi, cominciò a frequentare il servizio domenicale su Internet e ricevette grazia da Dio. Non solo, pregava implorando Dio e ascoltava i messaggi registrati del pastore. Così, comprese che era una peccatrice e si pentì con lacrime. Pian piano la sua fede crebbe.

Il pastore della Chiesa Manmin di Taiwan, a settembre, mi

inviò la foto di una signora con una richiesta di preghiera per lei. Il 17 settembre, durante la veglia di preghiera del venerdì, ho imposto la mia mano sulla foto pregando con fervore. Dio ha risposto a questa preghiera e la sua depressione e la malattia di Meniere sono sparite.

Ora Wei Iran dorme in tranquillità, respira bene e non ha più pensieri di suicidio. Ben presto è tornata al suo lavoro e ha anche fatto visita alla nostra chiesa qui in Corea più volte. Oggi Wei Iran è una cristiana fedele.

Pellegrinaggio

Nel marzo 2004 mi sono recato in pellegrinaggio in Israele. Ero stato in pellegrinaggio molte volte, ma questa volta era tutto diverso e carico di emozioni speciali. La Galilea è stato il palcoscenico principale del ministerio pubblico di Gesù, il luogo dove ha chiamato molti dei suoi dodici discepoli e ha manifestato i segni della potenza divina. Non sono andato da solo ma con una squadra della nostra chiesa e insieme abbiamo vissuto un momento molto significativo con la lode, la preghiera e la meditazione a bordo di una nave sul mare di Galilea.

Meditare su Gesù

Fu come se le parole che Gesù aveva insegnato in quel luogo diventassero visibili davanti a noi, lucide come gioielli che brillavano nel lago. Il pensiero che Gesù aveva predicato il Vangelo e manifestato segni segni su queste strade era un'emozione fortissima per me. Pensavo a quanto stanco doveva essere, al lavoro senza sosta, senza riposo, a volte senza neanche avere il tempo di mangiare.

Non potevo passare davanti neanche a un solo albero, una roccia, o una singola pianta in Galilea che il Signore mi mancava tantissimo, quasi a spezzarmi il cuore dal sentimento di assenza che provavo. All'alba pregavo intensamente rivolto vero il mare di Galilea, e meditando sulle azioni di Gesù.

Il mio desiderio per il Signore ben presto si trasformava in grosse lacrime. In una di queste mattine, mentre pregavo in Galilea, Dio mi ha mostrato una scena della Bibbia.

Gesù visitava molti luoghi, insegnando e guarendo i malati, tanto intensivamente che non aveva neanche tempo per riposare. Gesù e i suoi discepoli stavano camminando quando decisero di sedersi un po'. Allora Pietro, che era come il leader dei dodici, fu preso dal desiderio di aggrapparsi a Gesù e servirlo. Pietro, che camminava sempre avanti a Lui, si tolse il mantello per metterlo su una rocca, la spolverò e invitò il Signore a sedersi lì.

I piedi di Gesù erano sporchi e impolverati dopo aver camminato tanto lungo le strade piene di polvere. Quando Gesù si sedette, Giovanni pulì i suoi piedi e i suoi sandali con i suoi vestiti. Gli altri discepoli bussavano alle case vicine in cerca di qualcosa da mangiare, trovando, in genere, qualche pagnotta sottile.

Pietro prendeva il pane migliore e lo dava a Gesù, e tutti discepoli, seduti sul ciglio della strada condividevano il cibo. Gesù gradì molto il desiderio del cuore del suo discepolo che intendeva servirlo, e mangiò un boccone di pane.

Presso il mare di Galilea

In Galilea, oggi, sebbene non possiamo sentire la voce di Gesù, se i nostri occhi e le nostre orecchie spirituali vengono aperti, possiamo comunque vedere che le parole pronunciate da Gesù hanno lasciato il loro segno indelebile sotto forma di gocce e luce, nei luoghi e sul mare di Galilea. Non solo, attraverso gli occhi spirituali, abbiamo visto forti tracce di luce in tutti i luoghi in cui Egli è passato.

Il Monte della Trasfigurazione

Il monte della Trasfigurazione è la località dove Gesù si recò con Pietro, Giacomo e Giovanni per pregare. Qui, i tre discepoli videro Gesù trasfigurato in un corpo spirituale, mentre incontrava e parlava con Mosè ed Elia. Pietro propose di fare tre tende.

Quando mi sono recato in questo luogo, in effetti mi sono reso conto anche io che è abbastanza grande per costruirvi tre tabernacoli, anche perché, mi dissi che non era stato facile per Gesù e i discepoli scalare la montagna e arrivare fin qui. Sentivo la luce spirituale, i suoni e l'energia tutt'intorno a me.

Con gli occhi spirituali si può riconoscere il luogo dove Gesù ha incontrato Mosè ed Elia perché è ricoperto di forte luce. La chiesa costruita per commemorare l'evento è a circa 50, 60 metri dal luogo preciso della trasfigurazione.

Ho visitato anche il Getsemani e la Chiesa di Tutte le Nazioni (tradotto in coreano 'Manmin') che è stata costruita nel luogo in cui Gesù ha pregato prima di prendere la croce e le sue gocce di sudore sono diventate sangue.

Via Dolorosa

Gerusalemme è una città cupa. Questo principalmente perché i suoi abitanti, oltre a non riconoscere Gesù come loro Salvatore, lo crocifissero. In Gerusalemme potevo sentire il lutto e le lacrime provate da Gesù per questa città. Accanto al Muro del Pianto è stata costruita quella che viene chiamata la Cupola d'oro, una moschea islamica.

Il giorno dopo che eravamo arrivati a Gerusalemme, abbiamo appreso dalla CNN la notizia shock che il governo israeliano aveva assassinato il leader palestinese, lo sceicco Ahmed Yassin. C'era molta tensione a Gerusalemme.

I palestinesi, in segno di dimostrazione, avevano chiuso

i negozi. Di solito, la Via Dolorosa è un luogo affollato e rumoroso, con molti negozi e bancarelle, pieno di arabi che invitano i passanti a entrare nei loro negozi. Di solito non è facile per i pellegrini meditare in silenzio su Gesù che porta la croce, vista la folla di persone che sempre riempie queste strade. Ma quel giorno, proprio perché tutti i negozi arabi erano chiusi per protesta, la Via Dolorosa era molto tranquilla e silenziosa. Non solo, per paura o estrema sicurezza, molti pellegrini avevano annullato la loro visita quel giorno, per cui non c'erano molte altre persone oltre a noi a visitare questo luogo così significativo. Fu principalmente per questo che il nostro pellegrinaggio non solo si svolse in maniera tranquilla ma addirittura solenne. Attraverso una chiara ispirazione spirituale, Dio mi ha dato grazia di sentire le scene relative ai giorni di Gesù. Compresi che Egli aveva comunicato con Dio in spirito durante tutto il percorso con la croce sulle spalle, e solo così riuscì a superare i dolori. Non solo, durante questo tragitto, il dolore che Gesù provò fu sentito allo stesso modo dal Padre, in cielo.

Vidi, vagamente, anche Pietro che da lontano seguiva la folla che insultava Gesù. Piangeva, con rammarico e profondo pentimento. Non osava avvicinarsi a Gesù perché pensava: «Come ho potuto rinnegare il Signore per ben tre volte?»

Quando Pietro rinnegò Gesù tre volte, la sera prima, uscì immediatamente e in cordoglio, si pentì. Sebbene si possa pensare che fosse qualcosa di logico che Pietro avesse seguito Gesù mentre portava la croce, il motivo per cui questo non viene narrato nella Bibbia è perché Pietro seguiva Gesù da lontano, e quindi gli altri discepoli non potevano vederlo.

Le donne che erano con Gesù fino alla fine

La vergine Maria seguiva Gesù. Aveva il cuore così spezzato ed era così tanto stordita, sia mentalmente che fisicamente, che non aveva il pieno controllo del proprio corpo. Maria Maddalena le dava il suo sostegno, sorreggendola e condividendo con lei questo momento infinitamente triste. Sul tragitto, a un certo punto, la donna che era stata guarita dal flusso di sangue, coraggiosamente, si mise davanti a Gesù per asciugare le gocce di sangue e sudore dal suo volto.

Un soldato romano cercò di allontanarla, ma lei, con rapidità, riuscì a sfuggirgli, si fece largo tra la folla e arrivò dal Signore. Non appena lo fece, una frusta sbucò fuori dal nulla e la colpì duramente gettandola a terra. C'era una folla immensa e i soldati usavano fruste e lance per tenere a bada la gente.

Le donne che camminavano vicino a Gesù, che erano lì per Lui, avrebbero potuto essere uccise dai soldati romani, lo sapevano, ma non ebbero paura e lo seguirono fino al luogo della crocifissione.

Queste donne furono anche le prime a recarsi presso il sepolcro di Gesù. Il Golgotha si trova a circa 800 metri sopra il livello del mare, e in quel tempo, non c'erano le strade asfaltate come oggi, per cui fu un percorso impervio e dissestato.

Proprio all'alba del primo giorno dopo il sabato, Maria Maddalena e la vergine Maria salirono nuovamente al Golgotha. Potevo vedere che i loro piedi erano feriti e molto sciupati, come i loro vestiti del resto, che nel tragitto più volte erano rimasti incastrati sotto le pietre o nei rovi. Questo a loro importava poco, perché l'amore che provavano per Gesù era ben più forte della paura di farsi male o di qualsiasi altra cosa. (1 Giovanni 4:18).

Fuoco dello Spirito Santo in Germania

La mano di Dio che ci conduce dove Egli vuole per realizzare la missione mondiale, ci ha portato a che in Germania. La provvidenza di Dio vuole che sia la Germania che l'Europa si risveglino.

La Germania è la patria della Riforma, ma molte chiese sono vuote, e come in altri paesi europei, è difficile trovare dei giovani che frequentino una chiesa. In parte questo è dovuto allo sviluppo della filosofia e della teologia liberale, le quali insegnano che i compromessi con il mondo sono tollerabili e che non occorre vivere una vita centrata sulla Bibbia.

Nello spirito, molte chiese in Europa oggi non sono così diverse dalla chiesa dei Sardi che ha ricevuto rimproveri da parte del Signore: «*...hai nome di essere vivo ma sei morto!*» (Apocalisse 3:1).

La fede di coloro che possiedono la Parola di Dio ad esclusivo uso della propria conoscenza non è seguita da alcuna azione a testimonianza di ciò in cui credono. Questo significa che la loro è una fede morta e non possono essere salvati (Giacomo 2:26).

Sono passati molti anni ormai in Germania da quando la fascia della popolazione più giovane ha smesso di frequentare le chiese. Molti credenti hanno perso la fede e se qualcuno dice loro che i miracoli della Bibbia succedono anche oggi, ti guardano male e con grande dubbio. Per risvegliare la Germania da questo tipo di sonno spirituale, nel 2004, dall'1 al 3 ottobre, abbiamo avuto una crociata nei pressi di Düsseldorf, nella Oberhausen Arena.

Il Rev. Alexander Yepp ed altri pastori che organizzavano la crociata ci dissero che non era facile mettere insieme anche solo 2 o 3 mila persone. Mi dissero che la presenza di 1000 partecipanti all'evento avrebbe comunque rappresentato per loro un grande successo. Ecco perché preferivano prendere in affitto una location che avrebbe potuto ospitare al massimo solo 1.500 persone.

Li abbiamo convinti ad agire con fede e infine, fu presa la Oberhausen Arena che dispone di 12.000 posti a sedere. Migliaia dei nostri membri di chiesa hanno pregato incessantemente sia di giorno sia di notte per la crociata in Germania.

Probabilmente Dio fu toccato dalle preghiere, dal digiuno e dalle offerte missionarie che la nostra chiesa dedicò per il risveglio delle Chiese d'Europa, tanto che ci mostrò un'esplosione delle opere dello Spirito Santo durante l'evento tedesco.

A differenza della stima dei pastori locali, l'arena era piena di gente sin dal primo giorno, e tutti i partecipanti hanno ascoltato il messaggio con attenzione. Attraverso la parola, in loro è cresciuta la fede, e quando ho pregato per i malati, moltissimi hanno sperimentato la guarigione.

Festival di miracoli e guarigione in Germania (Arena di Oberhausen)

Persone che testimoniano dell'avvenuta guarigione attraverso la preghiera

Sin dal primo giorno, molte persone intervenute alla riunione in sedia a rotelle si sono alzate in piedi e hanno camminato, l'udito è stato restituito alle orecchie sorde e molti hanno ricevuto la vista che avevano perso. Non solo, abbiamo ascoltato pubblicamente, sul palco, le testimonianze di molti guariti da malattie incurabili, con tanto di documentazioni mediche verificate, e in alcuni casi, dei pazienti hanno portato il proprio medico a testimoniare in modo «professionale» della propria guarigione.

Il dottor Geoffrey si era laureato in medicina dello sport. Come conseguenza di una encefalomeningite gli venne il diabete che nel tempo rese il suo cuore fragile, debolezza che gli causò un attacco di cuore – con la pressione sanguigna fino a 180 – che gli costò una diagnosi perentoria: non avrebbe vissuto ancora molto.

Frequentò la crociata sin dal primo giorno. Quando il terzo giorno si fece avanti per ricevere la preghiera per i malati, fu investito dal fuoco dello Spirito Santo. La sua insufficienza cardiaca fu guarita immediatamente, la pressione sanguigna si normalizzò e le altre malattie si dileguarono. Anche il dottor Geoffrey ci ha inviato la sua lettera di ringraziamento dove ci raccontava di come le sue malattie incurabili dall'uomo erano state tutte guarite da Dio. La sua lettera era accompagnata anche dai documenti e dai referti medici del prima e del dopo.

Tanti parteciparono alla crociata dopo aver visto poster e locandine pubblicitarie per strada. Altri intervennero dopo aver sentito la notizia della crociata in TV. Molti hanno sperimentato le opere di guarigione. Questa crociata è stata trasmesso in diretta in 75 paesi attraverso 4 satelliti. Abbiamo anche ricevuto molte testimonianze da persone che sono state guarite mentre guardavano la crociata in TV.

I pastori locali erano scioccati nel vedere le guarigioni dei propri membri di chiesa o dei propri familiari. Tutti hanno visto l'esplosione dello Spirito Santo e le opere manifestate, tutti hanno dichiarato che la loro fede in Dio è stata rafforzata e la fiducia nel proprio ministerio è cresciuta, nel testimoniare che Egli è vivo ed agisce oggi come al tempo di Gesù.

In Perù, una volta l'Impero Inca

In Perù si respira ancora la bellezza dell'impero Inca che fiorì come una splendida civiltà. MachuPicchu è uno dei resti della straordinaria civiltà Inca, situato nella Valle Urubamba, a oltre 2.300 metri sopra livello del mare.

L'intero complesso è circondato da cime alte e taglienti e non può essere visto a valle, motivo per cui viene chiamato, la «città in aria.»

Il sito archeologico consiste di templi, residenze private e il palazzo reale costruito dagli Inca intorno al XV secolo. Il tutto è stato costruito all'interno di immensi blocchi di roccia – che gli Inca sono stati in grado di sezionare e trasportare senza problemi – che raggiungono i 6 metri di altezza e 1,5 metri di spessore. Ogni monolite pesa diverse tonnellate.

Quest'area nel suo insieme è una delle meraviglie del mondo. È incredibile che siano riusciti a tagliare la montagna come noi tagliamo il tofu e a far combaciare i monoliti perfettamente senza lasciare vuoti. Machu Picchu significa 'vecchia cima' ed è stato trovato e fatto conoscere al mondo all'inizio del 20esimo secolo, dopo che uno storico americano, Hiram Bingham, lo ha trovato nel 1911.

Nel dicembre 2004, quando sono arrivato in Perù, ho capito subito perché Dio aveva scelto il Perù per una crociata. I peruviani detengono, a ragione, l'orgoglio di essere i discendenti degli Inca. Sono un popolo che ha anche sofferto molto a motivo del colonialismo di cui sono stati preda. Sono poveri ma puri di cuore, e, mai come in nessun altra nazione prima, ho visto della gente così assetata di Dio e della sua potenza.

Incontro con il Presidente del Perù Toledo presso il Palazzo Presidenziale

Incontro con il Presidente Toledo

L'1 dicembre 2004, poco prima della crociata peruviana, sono stato invitato al palazzo presidenziale dal presidente Toledo. Vidi un uomo pieno di preoccupazioni, probabilmente a causa dello stress causato da una non facile amministrazione del paese.

Abbiamo parlato di molte cose, e, tra le altre, mi disse: «Nella vita quotidiana non è semplice soddisfare i bisogni spirituali. Ho molto rispetto di coloro che conducono una vita spirituale e guidano gli altri in questo percorso.»

Mi chiese anche di ricordarlo in preghiera, chiedendo a Dio di ricevere una sapienza e forza celesti per governare e sviluppare bene il suo paese, e, sopratutto, per l'unione dei peruviani. Dal canto mio, non solo ho pregato per questo, ma anche per molte altre cose, tra cui lo sviluppo economico e la stabilità politica del Perù.

Il nostro incontro non durò molto e la preghiera fu breve, ciononostante, mi espresse calorosamente il suo sentito ringraziamento. Forse, perché aveva acquisito una certa pace mentale attraverso la preghiera. Quando stavamo lasciando il paese, dopo la crociata, mandò il presidente del partito di maggioranza a portarci i suoi ringraziamenti e i suoi saluti.

Una moltitudine infinita

Dal 2 al 4 dicembre abbiamo tenuto la crociata nel 'Campo de Marte' a Lima. Questa crociata si è svolta con il sostegno dei politici, degli uomini d'affari e della stampa. In tre giorni, abbiamo superato le 500.000 presenze.

Le opere forti di guarigione dello Spirito Santo hanno toccato non solo i partecipanti alla crociata ma che i telespettatori che guardavano l'evento in diretta in TV. Anche qui, scene di persone che hanno gettato via sedie a rotelle, stampelle, occhiali da vista, ma non solo. Testimonianze di guarigioni dal cancro. Il momento fu molto forte dal punto di vista delle emozioni, perché non solo chi aveva ricevuto il miracolo gioiva, ma anche i suoi familiari e gli amici. Tutti piangevano, tutti erano felici di ciò che stava accadendo.

Questa crociata fu trasmessa in diretta su 3 TV peruviane e via satellite al mondo intero in 20 canali, oltre che su internet.

Sul palco erano presenti rappresentanti della politica nazionale, del mondo degli affari, della stampa oltre che leader religiosi. C'era l'ex vice presidente Maximo San Roman, e la sig.ra Rosa Graciela Yanarico, e il presidente del partito di maggioranza. Molti parlamentari, pastori e membri della stampa erano lì presenti.

Avevamo adibito una sezione della sala con un tavolo, degli assistenti, e più di 20 tra medici locali e infermieri che documentavano e registravano i casi di guarigione.

Il professor Victor Callo Yerena (Professore presso il San Hernando Medical College) ha detto: «Non ho mai creduto in Dio, ma attraverso questa crociata, sono venuto a conoscenza di un Dio che esiste e compie miracoli. Non credo ai miei occhi!»

La storia di un uomo d'affari, Mr. Arce

Un uomo d'affari di nome Vicente Diaz Arce partecipò alla crociata. Era un uomo d'affari influente e noto per le sue opere di carità. Aveva sentito la voce dello Spirito Santo che gli diceva

Crociata di guarigione in Perù

di aiutare la crociata in Perù, così chiese di incontrare il nostro staff che stava preparando l'evento. Presentò alla nostra squadra il presidente del partito di maggioranza e anche per questo motivo, la crociata peruviana ebbe molto successo.

A causa di alcuni problemi amministrativi, però, quest'uomo d'affari aveva avuto dei problemi con la giustizia, era, di fatto, un ricercato a piede libero. Ingiustamente accusato dal suo ex socio d'affari, un giudice lo aveva condannato per un reato che non aveva commesso e ora avrebbe dovuto scontare 3 anni di carcere. Per non farsi catturare, quindi, non usciva quasi mai e stava sempre nascosto per evitare la polizia. Quando si recò all'incontro con il nostro staff fu una delle rare volte in cui lasciò

Innumerevoli persone testimoniano le loro guarigioni

la sua casa, e la polizia non si accorse di nulla.

Il 30 novembre, il giorno del mio arrivo in Perù, venne in albergo per incontrarmi. Pregai per il suo problema e così decise, affidandosi a Dio, che avrebbe partecipato a tutte e tre le giornate della crociata.

Il giorno dopo, vedemmo Dio all'opera chirurgicamente per questo caso di ingiustizia. A differenza di altri paesi, in Perù abbiamo avuto la possibilità di incontrare dei giudici ai quali chiedemmo di riesaminare il caso. Così, accadde che un altro giudice esaminò i documenti riguardanti Mr. Arce. Questo giudice concluse che il signor Arce non era colpevole e glielo notificò immediatamente.

Il 2 dicembre, quando il signor Arce ricevette la raccomandata del giudice che attestava la sua innocenza, era incontenibilmente felice e profondamente commosso dal potere della preghiera. Poiché il suo problema era stato risolto, ora poteva partecipare alla crociata senza timori. Questo fu meraviglioso, perché lui con le sue conoscenze e la sua influenza ci aveva aiutato così tanto ad organizzare la crociata in modo che fosse un successo.

Alla fine della crociata, molti di coloro che avevano ricevuto la guarigione ci inviarono le proprie testimonianze. Perché le persone che avevano sperimentato i miracoli erano davvero moltissime, mi venne riferito che la chiesa peruviana stava vivendo un risveglio anche grazie a questo.

La crociata ha visto la partecipazione di oltre 500.000 presenze per 3 giorni e si è conclusa con successo. Il suo impatto è stato tale da influire sui rapporti diplomatici Perù-Corea, tanto che alcuni uomini d'affari, ma anche politici e giornalisti, hanno visitato il nostro paese e ne sono nate iniziative di cooperazione a vario titolo.

Il 15 maggio 2005, il vice-presidente David Waisman e l'ex vice-presidente Maximo San Romano hanno partecipato ad un servizio di culto domenicale nella nostra chiesa a Seoul. A quel tempo, il vice-presidente Waisman era impegnato nelle pubbliche relazioni ad alto livello per ripristinare l'influenza del Perù, e, aiutato dal presidente Toledo, e dall'ex vice-presidente ha svolto un ottimo lavoro.

L'anno successivo, il vice-presidente David Waisman e sua

Il Presidente dell'Università Nazionale di San Antonio a Cuzco che consegna l'incarico di professore onorario al Dott. Esther Kooyoung Chung

moglie, insieme con il signor Vicente Arce, e il presidente del partito di maggioranza del Perù hanno visitato la nostra chiesa. Sono stati toccati dal ministero che svolgiamo e sono diventati dei validi sostenitori. Dopo questa crociata, uno dei nostri pastori, Lazarus Jaeho Lee, fu commissionato come missionario in America Latina. Una chiesa è stata fondata a Lima, e oggi il Signore si usa di lui come missionario, nei media e nella preghiera con il fazzoletto.

MIS - Conferenza di risveglio internazionale per pastori (in Honduras)

Selezionato come una delle Sette Meraviglie del Mondo Moderno

In qualità di Presidente del Seminario Internazionale Manmin (M.I.S), e come direttore del nostro ufficio delle traduzioni – con la responsabilità di gestire e supervisionare le traduzioni di tutto il materiale della nostra chiesa – la dottoressa Esther Kooyoung Chung, ha portato il risveglio tra molti pastori in Sudamerica. Già rettore dell'Università Femminile di Seoul, è stata il rettore di università più giovane che la Corea abbia mai avuto. Nel maggio 2007, si è recata in America Latina per condurre delle conferenze per pastori in diverse nazioni. Una delle conferenze era prevista anche nella città di Cusco, Perù.

A motivo di voci false che erano circolate riguardo la nostra chiesa a causa di alcuni altri missionari coreani, la conferenza stava quasi per essere annullata. A questo punto, l'opera di Dio si è manifestata in modo ancora più grande.

Il presidente della San Antonio National University di Cusco sentì questa notizia e invitò la dottoressa Chung a tenere la conferenza presso la sua università. Lui, che aveva anche partecipato alla crociata in Perù, conosceva il ministero Manmin.

La dott.ssa Chung arrivò a Cusco dopo aver tenuto una conferenza a Miami, dove aveva portato dei messaggi dal titolo: «Leggi spirituali, creazione e scienza a confronto.» I seminari a Cusco sono iniziati con una conferenza stampa e durati due giorni. È stata trasmessa in diretta dalla CTC TV, canale che ricopre tutto lo stato di Cusco. La conferenza è stata così seguita che molti hanno richiesto di acquistare i dvd.

Alla fine del congresso, il presidente della National University di San Antonio, a Cusco, ha candidato la dott.ssa Chung come professoressa onoraria, nomina che è stata approvata dal governo peruviano.

Nello stesso periodo, la città di Cusco stava cercando di ottenere la nomina di MachuPicchu come una delle Sette Meraviglie del mondo moderno. L'assegnazione di questo titolo avrebbe raccolto anche «voti» sia con mezzi telefonici che su internet. Il Perù sentiva di essere in svantaggio rispetto a questa possibilità, in quanto la maggior parte della sua popolazione non ha accesso a Internet. Il sindaco di Cusco ha chiesto alla nostra chiesa di pregare per questo progetto, proprio nei giorni in cui la dott.ssa Chung era da loro.

Il secondo giorno, la conferenza si è tenuta nella sala congressi della città di Cusco e, fortunatamente era venerdì, quando noi facciamo la veglia notturna di preghiera, e, tutta la chiesa pregò per questa richiesta. Le autorità cittadine di Cusco, attraverso Internet, hanno visto in diretta la nostra preghiera per loro.

Il 7 luglio 2007, il risultato del voto fu annunciato. MachuPicchu è ora patrimonio dell'Unesco come una delle Sette Meraviglie del Mondo Moderno e attira crescente attenzione mondiale sul Perù.

«Grazie anche alle preghiere e al sostegno dei membri della Chiesa Manmin, MachuPicchu è stata scelta come una delle Sette Meraviglie del Mondo Moderno. Vi ringrazio molto.» Questo il messaggio che abbiamo ricevuto da Marina Zequeiros, il sindaco di Cusco, insieme ai suoi saluti e a una targa di apprezzamento.

La dura battaglia contro la povertà e le malattie combattuta dalla Repubblica Democratica del Congo

La Repubblica Democratica del Congo è il terzo paese più grande dell'Africa. Anche se ha abbondanti risorse naturali, si trova in una condizione di grave povertà a causa delle guerre civili che si sono susseguite e delle malattie endemiche. Questo popolo ha un grande bisogno della parola di vita e della potenza di Dio. Per molti anni, abbiamo ricevuto richieste da parte dei Pastori congolesi di organizzare una crociata nel loro paese.

La notizia della potenza di Dio si sta diffondendo attraverso i canali satellitari, internet e le pubblicazioni. Riceviamo molte richieste di crociate, ma come sapete, io non ho mai deciso da solo la destinazione delle crociate che facciamo. Quando ho iniziato a pregare per la Repubblica Democratica del Congo, Dio mi ha risposto che avrei dovuto organizzarvi una crociata nel 2006, e che quella sarebbe stata la mia ultima crociata in Africa.

Il Diavolo tentò di distruggere

Man mano che i giorni della conferenza si avvicinavano, avevamo previsto degli spot pubblicitari giornalieri sulla TV nazionale. Il diavolo aveva paura di quello che stava per accadere e tentò in ogni modo di disturbarci. Le chiese nella Repubblica Democratica del Congo possono tranquillamente essere suddivise in due blocchi distinti.

Le chiese evangeliche, che hanno lavorato con noi attivamente per organizzare la crociata, e l'altro gruppo, con cui non erano in buoni rapporti. Ancora una volta vi erano pastori influenzati da missionari coreani che diffondevano voci false sul nostro conto e non collaboravano all'organizzazione della crociata.

Inoltre, tra gli assistenti del Presidente della Repubblica Democratica del Congo, ci sono alcuni stregoni, i quali non volevano assolutamente vedere una crociata cristiana nel loro paese. Queste persone fecero segnalazioni assurde a nostro riguardo al presidente, producendo anche alcuni documenti falsi. La sostanza era:

«Il Rev. Jaerock Lee sta venendo qui per allargare la sua personale influenza...»

«Presidente, questo va a suo discapito. Bisognerebbe impedire che la crociata si tenga.»

La elezioni generali e le elezioni presidenziali erano programmate per il mese di aprile e di giugno. Erano molte le persone che consegnavano rapporti negativi su di noi al presidente, ed era logico che lui si facesse un'idea negativa sul nostro conto.

Festival di miracoli e guarigione nella Repubblica Democratica del Congo

Bontà ti seguiranno

Il giorno prima di partire dalla Corea, ricevemmo la richiesta ufficiale da parte del ministro dello sport della RDC di spostare la location nell'ultimo giorno della crociata, che era un sabato. In sostanza, lo stadio sarebbe servito la domenica per ospitare un'importante partita di calcio, ed occorreva che la logistica fosse messa in atto sin dal giorno prima, vale a dire, dal sabato. Quindi noi non potevamo restare lì.

Era una richiesta molto pesante però da soddisfare, non solo per i costi che avrebbe rappresentato, ma anche perché ormai ogni comunicazione e pubblicità riportava altro. Non potevamo fare altrimenti e a 48 ore dall'inizio della crociata, dalla Corea, abbiamo dovuto organizzare lo spostamento di un palco enorme, di luci, di mega schermi, dell' impianto audio, e di tutto il resto, che avrebbe dovuto avvenire in poche ore.

Ci concessero l'utilizzo di un altro stadio, lo 'Stade des Martyrs', (letteralmente Stadio dei Martiri) per tutti e tre i giorni. La parola di Dio ci dice di dare quando gli altri ci chiedono. Ovviamente, dare sempre tutto solo su richiesta degli altri non è sempre corretto, ma quando diamo con un cuore pieno di bontà, Dio si compiace. Consigliai quindi all'organizzazione di accettare questo contratto.

«Date tutto quello che vi chiedono, senza insistere sul fatto che è illegittimo imporre un cambiamento così radicale per un evento così grande e pianificato molto tempo prima. Di certo, è la provvidenza di Dio a farci cambiare il percorso all'ultimo giorno.»

Abbiamo accettato la loro richiesta e deciso di tenere la crociata da un'altra parte il terzo giorno. Avevamo pensato di utilizzare la strada principale della città, la 'Boulevard Triomphal', ma non era facile ottenere i permessi in così breve tempo.

Questo viale immenso era stato chiuso al traffico una sola una volta in occasione di un evento nazionale per il presidente. Inoltre, il terzo giorno della crociata, si svolgeva anche un importante evento politico nazionale. Era quasi impossibile che ci concedessero il permesso di utilizzare questo viale, che è in prossimità del Parlamento.

L'incontro con il Presidente

Il 15 febbraio 2006, dopo il mio arrivo nella Repubblica Democratica del Congo, ho capito perché i politici prestavano tanta attenzione alla mia visita.

Incontro con il Presidente del Congo Joseph Kabila

L'ultimo giorno della crociata, il governo stava facendo una cerimonia per cambiare la costituzione. Avrebbero cambiato l'organizzazione del governo e anche la bandiera nazionale. Era un momento delicato proprio a ridosso delle elezioni presidenziali. Quindi, non potevano fare a meno di essere molto sensibili a come nella nostra crociata avremmo commentato il governo.

Il 16 febbraio, il primo giorno della crociata, sono stato invitato ad andare al palazzo presidenziale per incontrare il presidente, Joseph Kabila. Fu una conversazione molto piacevole, e in breve il presidente Kabila comprese che il contenuto delle segnalazioni che aveva ricevuto a nostro riguardo era falsato, e che i fatti erano molto diversi.

Gli era stato riferito che lo scopo della mia visita era politico, ma ora, dopo il nostro incontro aveva capito che il mio unico obiettivo era la pace e le guarigioni dei cittadini del Congo. Il suo atteggiamento cambiò e divenne amichevole.

Prima di salutarci, ci chiese di pregare che le elezioni generali si svolgessero in pace, e che, ci avrebbe aiutato nei riguardi di qualsiasi problema avevamo con la crociata. Lui era il presidente! Il vescovo Kankenza, che era presente con me all'incontro, in quanto presidente del comitato organizzativo della crociata, disse coraggiosamente al presidente la verità, e cioè, che avevamo un problema di location per l'ultimo giorno della crociata. Ci chiese perché non intendevamo utilizzare lo Stadio dei Martiri e gli rispondemmo che era troppo lontano oltre ad essere praticamente fatiscente. Così, gli chiesi la concessione dell'utilizzo delle strade vicine al parlamento e della via principale. Il presidente accettò la nostra richiesta.

Immediatamente dopo aver lasciato il palazzo presidenziale, firmò tutti i documenti per permetterci di chiudere le strade. Solo attraverso l'autorità del presidente fu possibile che ottenessimo quei permessi a distanza di poche ore dall'evento.

Nel primo giorno e nel secondo, lo stadio, che può contenere 100.000 persone, era pieno. Il presidente, che era impegnato non poté partecipare, ma ha mandato sua sorella gemella, la signora Janet Kabila, in qualità di first lady. Erano inoltre presenti il vice presidente, il signor Bemba e sua moglie oltre ad esponenti di spicco provenienti da altri paesi africani.

Mr. Werasson, un cantante molto famoso e popolare in Africa, ha partecipato alla crociata e cantato per la gloria di Dio. Dopo la crociata, venne con la sua famiglia per ricevere la mia preghiera. Aveva due figlie, ma desideravano avere un altro figlio, cosa che non era successa negli ultimi 7 anni. Pregai per questa richiesta. La crociata fu trasmessa in diretta su diversi canali secolari nazionali ma raggiunse anche oltre 150 nazioni attraverso 10 satelliti. Dio guarì molti di coloro che erano affetti da povertà e malattie con l'effusione del Suo potere. Molti hanno testimoniato di essere stati guariti dall'aids e da altre condizioni incurabili. Così tante persone si sono avvicinate al palco per testimoniare dopo la preghiera che per un attimo abbiamo temuto che l'intera struttura crollasse.

Una moltitudine infinita

Il terzo giorno, la folla era così immensa che era difficile vederne la fine. Le stime dicevano circa 500.000 persone. Mezzo milione di anime! Se non avessimo cambiato la location non saremmo mai stati in grado di accogliere tutti nello stadio, che inoltre, data l'affluenza, avrebbe potuto procurare qualche incidente. Sapendo tutto questo, Dio ci ha guidato in un luogo più grande.

Dio, attraverso il fuoco dello Spirito Santo, nel nome di Gesù Cristo, ha guarito tutti, ciechi, muti, persone immobilizzate sulle stampelle e sulle sedie a rotelle, malati di aids e di altre condizioni inguaribili.

C'era un uomo di 64 anni, un pescatore di nome Masudi Lisongi Bosongo, che sbarcava il lunario catturando qualche pesce. Portava gli occhiali perché non vedeva bene a causa della cataratta. La sua unica gioia era ascoltare la radio. Sentì la pubblicità della crociata proprio alla radio e desiderò parteciparvi, ma non era in grado mettere insieme i soldi che gli servivano per il trasporto.

Proprio come la vedova che diede via le sue due uniche monete di rame, che erano tutto ciò che aveva, Masudi vendette la sua radio, il suo unico bene, per 9 dollari, così da poter partecipare all'evento. Dio accettò il suo atto di fede, ne fu compiaciuto, e lo guarì.

Egli testimoniò di aver sentito un fuoco investire la parte posteriore del suo collo, salirgli sulla testa e arrivare fino agli occhi. Recuperò immediatamente la vista e ora non indossa più gli occhiali.

Trasmissione in Africa e in tutto il mondo via satellite

Abbiamo commissionato uno dei nostri pastori, Peter Kim, come missionario nella Repubblica Democratica del Congo. In meno di un anno dal momento dell'apertura della chiesa, il servizio domenicale è frequentato da più di mille persone.

Inoltre, il vescovo Paul Musafiri, che fu toccato fortemente da Dio nella crociata, ha visitato la nostra chiesa e ora collabora attivamente con noi in Congo. Permettetemi di pubblicare qui una sua lettera:

«I miei più sinceri saluti dalla Repubblica Democratica del Congo. Crediamo insieme nello stesso Dio che è con il rev. Dr. Jaerock Lee. Intendo dichiarare che le opere sorprendenti di Dio che stanno avvenendo qui sono potute accadere grazie alle preghiere che avete speso per questo paese.

Nel gennaio 2008, quando è stato finalmente firmato il trattato di pace dopo tante battaglie, io ero stato commissionato a Goma, nella parte orientale del paese, dove rimasi per un mese a motivo del trattato di pace. Qui ho anche partecipato alla conferenza del Rev. Myong-ho Cheong, l'arcivescovo del continente africano, che è stato toccato molto dal messaggio.

Anche dopo la firma del trattato di pace, quelli che già da prima si opponevano al consolidamento di questo stato, hanno cercato di confondere il paese, diffondendo voci malvagie da est a ovest della Repubblica Democratica del Congo. Ecco perché credo che la vostra preghiera si stata fondamentale per la nostra Repubblica.

La ragione per cui vi scrivo è per chiedervi di non smettere di pregare per noi. Vi chiedo di pregare con amore per il Presidente Joseph Kabila, per i nostri politici e per l'intero entourage del presidente. Il mio collega, il pastore Peter Kim sta facendo molto bene per il paese. Condividiamo una comunione fraterna che supera i legami di sangue come anche il sogno e la visione del ministerio Manmin.

Devo dire che spesso il pastore Peter ha subito torti e abusi da ufficiali di polizia perché è un missionario straniero, ma ha sempre superato tutto nel nome del Signore. Raccogliamo molte testimonianze dai membri della chiesa che ricevono benedizioni e crescono in fede, e adesso abbiamo anche ottenuto il permesso per costruire la nuova chiesa in un luogo davvero agevole.

Vi saluto, rinnovando la mia stima verso tutti voi, membri della chiesa Manmin.»

Vescovo Paul Musafiri,
Vostro figlio fedele in Gesù Cristo

L'apparizione di una croce durante la prima trasmissione televisiva in diretta

Quando ho aperto la chiesa, Dio ci ha dato la visione di Isaia 60:1: *«Sorgi, risplendi, poiché la tua luce è giunta, e la gloria del SIGNORE è spuntata sopra di te!»* Da allora, le opere di fuoco dello Spirito Santo che il Signore manifestava attraverso di noi hanno cominciato a raggiungere il mondo intero.

Dio ha permesso che fondassimo la GCN TV (Global Christian Network), perché compissimo il suo piano, perché portassimo la luce della salvezza a tutti i popoli di tutto il mondo. Le trasmissioni sono iniziate a New York City negli Stati Uniti. Attraverso la GCN, poi, molte emittenti di tutto il mondo si sono affiliate, portando a compimento il proprio ministerio e la visione che Dio ha dato ad ognuno di loro.

La Croce apparsa sopra l'Empire State Building

Le prime trasmissioni da New York City

Nel maggio 2004, diverse emittenti cristiane provenienti da otto paesi tra cui Stati Uniti, Regno Unito, Russia e Australia, si sono consociate e hanno fondato la GCN. Non avevamo nessuno specialista di trasmissioni televisive, tecnici altamente specializzati o risorse finanziarie a disposizione.

Quello che eravamo in grado di investire era solo la fede attraverso la preghiera. Dopo una serie di appuntamenti preparatori, infine, abbiamo dato il via al test di messa in onda l'1 settembre 2005, sul canale 17, a New York City.

Lo studio da cui la GCN trasmette si trova nell'Empire State Building, proprio al centro di New York City. Per celebrare la prima messa in onda della GCN, più di 20 emittenti di tutto il mondo si sono riunite in quel luogo.

Poco prima di cominciare, tutti insieme siamo saliti sull'Empire State per ammirare la vista notturna della città da così in alto per qualche minuto. In quel momento, qualcuno ha visto che, improvvisamente, una croce luminosa è apparsa nel cielo, ed era molto brillante.

Tutti i presenti erano convinti che quello fosse un segno, il modo in cui Dio ci stava mostrando il suo compiacimento per l'apertura della GCN TV.

Dan Wooding, un giornalista che era lì e ha testimoniato con i propri occhi ciò che stava accadendo, l'ha scritto in un articolo con una foto e l'ha pubblicato sul suo sito web.

GCN trasmette programmi cristiani 24 ore al giorno in collaborazione con la Manmin TV. Il canale sta crescendo rapidamente e si è trasformato in un'emittente globale. L'obiettivo principale della GCN è quello di portare i suoi telespettatori a incontrare Dio e a ricevere soluzioni ai propri problemi attraverso i vari programmi che giornalmente vengono trasmessi.

Casi di guarigione attraverso la GCN

Riceviamo molte lettere, non solo dalla Corea, ma anche da molti altri paesi, di telespettatori che ci raccontano di come sono stati guariti dalle loro malattie, che ora vivono una nuova vita, attraverso la visione dei programmi della GCN. Le opere di Dio, che trascendono i limiti dello spazio e del tempo, vengono costantemente mostrate attraverso le trasmissioni televisive. Tutto questo lavoro sta portando tante anime, in tutto il mondo, sulla via della salvezza.

Elisabetta Goodall è una telespettatrice della GCN e vive a New York City. Ci scrisse perché aveva una testimonianza da raccontare. Parte della sua lettera qui di seguito:

«Mi chiamo Elizabeth Goodall e volevo raccontarvi la mia storia. Il mio addome e i miei piedi nel 2005 hanno iniziato a gonfiarsi a dismisura. In concomitanza, mi è cresciuto un nodulo sotto la lingua. Qualche sera fa ho messo il fazzoletto che mi avete mandato sul mio volto e sull'addome prima di addormentarmi e poi ho dormito. La mattina dopo, ho scoperto che il nodulo sotto la mia lingua era sparito, come anche il gonfiore sull'addome e sui piedi. Ringrazio Dio per quello che ha fatto e ringrazio anche voi. Credo davvero che Dio stia usando Jaerock Rev. Lee per guarire i malati, portarli al pentimento, e guidarli al regno celeste.»

9 novembre 2007,
Elizabeth Goodall

Una testimonianza dal Canada:

«Stavo guardando il programma di Jaerock Lee in tv e volevo sapere se ha in programma di venire in Canada. Io vivo nei pressi di Ottawa ed in questo momento mi trovo a New York perché mio marito lavora qui. Ieri sera ho acceso la tv e ho visto per la prima volta la GCN, e, quando il pastore Lee ha pregato per i malati, sono stata guarita. Io sono un'infermiera e, a causa del continuo sollevare i pazienti, mi sono ferita alle spalle lo scorso anno. Il dolore della mia condizione era forte, persistente e non se ne andava mai. Dopo aver ricevuto la preghiera di ieri sera, però, non c'è più dolore! Ora posso sollevare le braccia e piegare le spalle. Lodato sia Dio! Dovevo partire per il Canada questa mattina alle 4 ma sono ancora qui, non so bene perché, forse perché Dio voleva che parlassi con voi oggi.»

29 Novembre 2007,
Marie Lenie San Loth

GCN cerimonia di apertura

GCN servizio iniziale

Il WCDN, una rete globale per medici cristiani

Nel maggio 2004 fondammo un'organizzazione, la World Christian Doctors Network, (WCDN), con lo scopo di chiarire con parametri medici i casi di guarigione divina.

Il primo congresso di medici cristiani si tenne a Seul, il secondo a Chennai in India, nel maggio 2005, dove più di 500 specialisti hanno analizzato diversi casi di guarigione divina da una prospettiva medica.

I congressi successivi si sono tenuti a Cebu, nelle Filippine nel 2006, a Miami, in USA, nel 2007 e a Trondheim, in Norvegia nel 2008. A queste conferenze partecipano medici professionisti che analizzano i casi di studio portati sulla guarigione divina. Dopo Miami, fu pubblicato un articolo a proposito della conferenza su uno dei maggiori quotidiani coreani.

Il testo era questo: Il Quarto Congresso Internazionale del WCDN, dal tema «Spiritualità e medicina» si è tenuto presso l'Hotel Hyatt a Miami, Florida, USA, nei giorni 13 e 14 luglio e

Terza Conferenza Medica Internazionale a Cebu, Filippine

ha visto la partecipazione di oltre 150 medici provenienti da 40 paesi. Ai lavori della conferenza ha dato il via un saluto del dottor Jaerock Lee, il Presidente onorario del WCDN, in collegamento video. Nel suo messaggio, il dottor Jaerock Lee ha esortato il pubblico non solo a cercare la guarigione del corpo ma anche a condurre una vita come apostoli del Signore.

Il dottor Alvin Hwang, presidente del WCDN e il dottor Armando Pineda, Direttore WCDN degli Stati Uniti, hanno poi indirizzato un saluto per accogliere tutti i medici, i pastori e gli ospiti illustri intervenuti.

Quarta Conferenza Medica Internazionale a Miami, Stati Uniti d'America

La conferenza ha preso il via e, come da programma, dei medici hanno presentato casi di guarigione accompagnati dal supporto di cartelle cliniche e referti clinici. I casi analizzati, tra gli altri, comprendevano la guarigione da un melanoma maligno (dottor Mark Miller), dalla spina bifida (dottor Brian Sanghoon Yes), dal pneumotorace spontaneo (dottor Gilbert Yoonseok Chae) e dalla polmonite (dottor Junseong Dr. Kim), oltre due casi separati di guarigione dal cancro al seno (presentati dalla dottoressa Pancheta Wilson).

Al giudice Robert E. Newsom, di Sulphur Springs, nel nord-est del Texas, era stato diagnosticato un cancro un melanoma dall'ospedale oncologico di Houston, in Texas. È risaputo che il tasso di mortalità di questo tipo di tumore è molto elevato. Così il giudice, invece di sottoporsi a radioterapia, consegnò a Dio il suo problema e scelse di non andare in terapia. Pregò per la sua guarigione, con il supporto e le preghiere dei membri della Southern Baptist Church che frequentava. Quando, due mesi più tardi, gli fu consegnato il referto dei controlli ciclici che faceva, scoprì che era avvenuto un miracolo. Il melanoma era completamente scomparso. Il giudice Newsom incaricò il dottor William Mark Miller di raccontare ai partecipanti alla conferenza la sua guarigione, analizzando e presentando i dati medici che confermavano il caso.

Il dottor Chauncey W. Crandall IV, proprietario e direttore della Palm Beach Cardiovascular Clinic di Palm Beach Gardens, in Florida, ha fatto la sua rappresentazione drammatica il 13 luglio, un venerdì.

Questo il suo racconto: «Al pronto soccorso è arrivato un uomo di 53 anni che aveva appena avuto un attacco di cuore. Immediatamente lo abbiamo sottoposto ad un intervento chirurgico, ma, dopo 40 minuti di attività su di lui abbiamo dovuto dichiararlo morto. In quel momento, lo Spirito Santo mi ha detto, letteralmente: «Giràti e prega per quest'uomo.» Così, mi sono seduto accanto al cadavere e ho pregato, dicendo: «Padre, Dio, grido per l'anima di questo uomo, anche se non ti conosce come suo Signore e Salvatore, resuscitalo dai morti, proprio ora, nel nome di Gesù!» Quello che avvenne due minuti dopo fu incredibile. Con tutta l'equipe eravamo ancora in sala operatoria, guardavamo i monitor e tutto ad un tratto, sullo schermo apparve il battito cardiaco di quest'uomo che era morto!

E poi, dopo un altro paio di minuti, ha cominciato a muovere le dita delle mani, poi le dita dei piedi e poi ha iniziato a borbottare parole!» Questo è il caso presentato dal dottor Crandall.

Il dottor John Youl Chun, ex preside della Facoltà di Medicina e Chirurgia dell'Università di Kyunghee, ha presentato la testimonianza della guarigione di un pastora tawainese, Chen Man Zeni, che aveva ricevuto la guarigione durante la veglia di preghiera notturna del venerdì presso la chiesa Manmin centrale. All'età di due anni fu colpita da una paralisi infantile, e, 14 anni prima, era stata coinvolta in un incidente d'auto che le aveva causato una condizione inguaribile alle gambe. Per un po' aveva camminato con un bastone, ma da qualche mese, visto il dolore lancinante alle gambe, era costretta a spostarsi su una sedia a rotelle.

Attraverso la preghiera del reverendo Jaerock Lee, immediatamente, la pastora camminò senza bisogno di alcun supporto e senza dolori.

In questo mondo moderno, in cui è difficile credere all'esistenza di Dio a causa della prevalenza dei peccati e dello sviluppo della scienza, il WCDN sta svolgendo un ministero eccezionale, esaminando da vicino i casi di guarigione divina, dimostrando così che la Bibbia è vera e che Dio è vivente.

Il fuoco dello Spirito Santo nel cuore degli Stati Uniti

Dopo l'apertura e la diffusione della GCN TV, Egli ci ha guidato ad organizzare una crociata a New York, presso il Madison Square Garden, probabilmente la location dove ogni artista del mondo sogna di esibirsi.

Questa crociata era parte della provvidenza divina che desidera risvegliare gli Stati Uniti e, avveniva prima che dessimo il via all'inizio della nostra missione in Israele, nel luglio 2006. Poiché tutti i programmi vengono stabiliti con almeno uno o due anni in anticipo, è estremamente difficile ottenere questo posto per una performance con breve preavviso.

Il fattore più importante di organizzare una crociata a New York era proprio quello di trovare la struttura giusta, nella zona giusta. Eravamo anche consapevoli che trovare una location a così breve tempo dall'evento poteva rivelarsi difficoltoso.

Ci siamo messi a lavoro, e tra una ricerca e l'altra, venimmo a sapere che una certa band aveva annullato la loro data presso il

Madison Square Garden. Così, iniziammo subito il processo per ottenere l'approvazione per il nostro evento e l'abbiamo ottenuta. Fu solo e puramente per la grazia di Dio.

Gli Stati Uniti sono stati fondati sulla fede dei Puritani, e, tra le altre cose, sono la nazione che nella storia dell'umanità ha inviato il maggior numero di missionari in tutto il mondo. Oggi però, in America, si insegna il darwinismo e le unioni omosessuali sono legalizzate. Si stanno allontanando da Dio.

La crociata presso il Madison Square Garden durò tre giorni. Il teatro era ogni giorno pieno e i presenti hanno ascoltato il messaggio della Parola e sperimentato le opere di fuoco dello Spirito Santo. Coloro che erano affetti da spiriti maligni sono stati liberati, e, molti, sono stati guariti da malattie incurabili e lo hanno testimoniato.

Opere di guarigione al Madison Square Garden

Andrea Maria Morang è stata guarita dall'aids. Per colpa del virus, ormai faceva avanti e indietro tra ospedali e soffriva costantemente di febbre alta, cefalea e vomito. Il suo corpo era ormai quasi paralizzato e non camminava più. Riusciva a malapena a muovere le mani.

Un mese dopo la crociata le abbiamo fatto visita per vedere come stava, e ora lei cammina e vive una vita normale.

Un altro uomo fu guarito dal cancro alla colonna vertebrale che era fratturata in sei punti, e, in parole sue, ci disse che aveva la sensazione che ormai le sue ossa stessero per fondersi e liquefarsi. Non poteva stare seduto a lungo o piegarsi. Ora, dopo la

Crociata di New York (Madison Square Garden)

crociata, la colonna era completamente guarita come anche i vari problemi di nevrosi connessi alla sua condizione. Il suo medico gli aveva detto che sarebbe stato inimmaginabile per lui tornare a camminare, ma la potenza di Dio lo guarì completamente ed ora sta bene e cammina normalmente.

Mikhail fu guarito della schizofrenia di cui aveva sofferto per 12 anni. Catturato da piccolo da spiriti maligni, era sempre depresso. Soffriva pesantemente di antropofobia, la paura della gente, e non usciva mai di casa. Le sue emicranie lancinanti non gli consentivano di vivere una vita normale. Per tutti questi motivi, prendeva dei farmaci dagli effetti pesanti, per colpa dei quali aveva difficoltà a parlare.

Durante la crociata fu totalmente guarito, e, dalla felicità, continuava a ripetere che ora poteva continuare i suoi studi e vivere una nuova vita.

Tutti quelli che avevano testimoniato di essere stati guariti, furono controllati dai medici del WCDN. Il dottor Vitaliy Fishberg dichiarò: «Questa crociata ha cambiato il corso della mia vita. I messaggi predicati nell'arco dei 3 giorni sono stati la chiave per risolvere tanti problemi. Ho frequentato le crociate di molti predicatori famosi, ma mai ho visto così tante persone guarire dopo una semplice preghiera fatta dal pulpito!»

Alla fine dei tre giorni, ho ricevuto delle targhe di apprezzamento da parte del Senato dello stato di New York e dal Municipio. Posso solo rendere grazie a Dio che mi è stato permesso di predicare il Vangelo in un paese che per primo ha portato il vangelo a noi.

Anche qui ci sono stati alcuni pastori che hanno cercato di distruggere la nostra crociata, diffondendo documenti falsi a nostro riguardo in molte chiese, coinvolgendo la stampa e tentando di boicottare finanche l'affitto da parte nostra del Madison Square Garden.

Ci fu in particolare un pastore di una certa chiesa a New York che si accanì contro il nostro ministerio più degli altri. In seguito, venni a sapere che fu costretto a dimettersi dalla sua chiesa a causa di alcuni incidenti poco belli, e infine, fu bandito dal pasturato da parte della sua denominazione. Ascoltare queste notizie mi dispiacque molto.

Quando qualcuno si oppone con veemenza alle opere dello

Spirito Santo, raccoglierà quello che semina su questa terra, ma il giudizio che riceverà nella vita a venire è molto più temibile.

So che ci sono dei missionari coreani il cui unico impegno è quello di ostacolare e interrompere il lavoro della nostra chiesa. Sono spesso loro che, quando ci organizziamo per tenere delle crociate in un paese, lavorano attivamente per diffondere voci false e distribuiscono del materiale non veritiero tra le chiese.

La verità, però, parla da sé, e così, i loro tentativi di smantellare le nostre attività hanno sempre finito per dare maggiore visibilità ad ogni campagna, in modo che alla fine dai loro sforzi di opposizione, noi ne abbiamo tratto beneficio. Non solo, posso testimoniare che tutti quei pastori che hanno lavorato con noi nelle crociate di tutto il mondo hanno ricevuto grandi benedizioni. Le loro chiese hanno sperimentato risveglio, loro sono diventati più fermi e coraggiosi, e anche il loro status personale è stato sollevato.

Inizio della missione in Israele

A partire dal 2000, Dio ha permesso che predicassimo il vangelo in 12 mega-crociate. L'ultima è stata la crociata di New York nel luglio 2006. Ancora oggi, riceviamo molte richieste di organizzare campagne evangelistiche e di guarigione in tante nazioni diverse. Mi dispiace molto, ma ora non posso rispondere a nessuna di queste richieste, perché mi sto preparando alla missione in Israele.

«E questo vangelo del regno sarà predicato in tutto il mondo, affinché ne sia resa testimonianza a tutte le genti; allora verrà la fine. Quando dunque vedrete l'abominazione della desolazione, della quale ha parlato il profeta Daniele, posta in luogo santo (chi legge faccia attenzione!), allora quelli che saranno nella Giudea, fuggano ai monti.» (Matteo 24:14-16).

Il Dr. Mikhail Morgulis (Presidente della Fondazione Spirituale Diplomacy) sta parlando con un rabbino presso il Muro del Pianto

Subito dopo aver aperto la chiesa, Dio mi rivelò che quando il tempo della seconda venuta del Signore sarebbe stato vicino, il Gran Santuario sarebbe stato costruito, e le opere missionarie si sarebbero sviluppate con maggiore concentrazione in Corea del Nord e in Israele. Egli mi rivelò pure che per un breve periodo la Corea del Nord si sarebbe aperta. Oggi, sento che questo giorno è molto vicino.

Nel luglio 2007 abbiamo iniziato la nostra missione in Israele. Per predicare il Vangelo agli ebrei occorre la potenza di Dio. Il Vangelo in realtà, è nato in Israele, ma loro lo hanno perso, ciononostante, Egli mantiene la promessa che ha fatto ad Abramo, Davide, e ad altri uomini di Dio che non abbandonerà mai il suo popolo.

La promessa di Dio sarà rispettata, e chi porterà il Vangelo in Israele? Durante il suo ministerio, mentre predicava, Gesù compì opere potenti che non erano possibili agli uomini ma questo non fu sufficiente perché gli israeliti credessero. Si può predicare, ma se non si mostra la potenza di Dio, è difficile che il nostro interlocutore accetti il Vangelo.

Questo è ciò che Dio mi ha detto: «*Risvegliali con il potere. Predica il Vangelo nel nome di Gesù Cristo, e quando i ciechi vedono, i sordi odono, e i muti parlano, coloro che sono buoni di cuore crederanno e accetteranno la parola che porti. Ma non tutti lo faranno.*»

Quegli ebrei che ancora attendono il Messia, quelli che cercano sinceramente il Signore, e coloro che sono preparati da Lui, sono quelli che apriranno il loro cuore e si pentiranno quando vedranno la manifestazione della potenza di Dio.

La Bibbia ci parla del ritorno del Signore nell'aria e che noi voleremo con Lui tra le nuvole. (1 Tessalonicesi 4:16-17). In questi versi, «l'aria,» non è il cielo che vediamo con i nostri occhi fisici, ma un mondo spirituale. Dio ha diviso il regno spirituale in spazi diversi.

Tra questi, il secondo cielo, che si divide tra la zona di luce in cui si trova il Giardino dell'Eden e la zona di tenebre, in cui dimorano gli spiriti maligni. In un angolo di Eden è già stato preparato il luogo che ospiterà il banchetto di nozze che durerà per sette anni. Quando il Signore ci chiamerà alla fine del periodo di coltura umana, saremo rapiti, in un attimo.

Proprio come un magnete grande attrae pezzi di metallo, i credenti che sono «grano» saranno trasformati e incontreranno il Signore nell'aria in un attimo. Durante i sette anni di banchetto di nozze nel cielo, sulla terra avverranno i sette anni di grande tribolazione.

La Tribolazione dopo il Rapimento

Il popolo d'Israele è il popolo eletto di Dio, e sarà ancora parte della provvidenza divina fino alla fine dei tempi. Nella Bibbia, ogni volta che questo mondo era pieno di peccati, Dio ha mandato delle punizioni: il fuoco su Sodoma e Gomorra, il diluvio al tempo di Noè.

Allo stesso modo, quando questo mondo in cui viviamo ora sarà così saturo di peccato da aver superato il limite del perdono, verrà il giudizio finale. I veri credenti saranno rapiti nell'aria, e su questa terra inizieranno i sette anni di grande tribolazione, accompagnati da guerre e disastri naturali, ma, soprattutto, dall'inizio della III guerra mondiale, che è la fine di cui la Bibbia parla.

Quando i discepoli chiesero a Gesù riguardo il ritorno del Signore ed i segni della fine dei tempi, Gesù disse: *«Voi udrete parlare di guerre e di rumori di guerre; guardate di non turbarvi, infatti bisogna che questo avvenga, ma non sarà ancora la fine.»* (Matteo 24:6).

Qui, il riferimento alla parola «guerre» non è specifico di un certo luogo, piuttosto di qualcosa che colpisce il mondo intero. «Guerre» e «rumori di guerra» si riferisce alla prima e alla seconda guerra mondiale, che non sono state la fine, perché, la fine ci sarà con la terza guerra mondiale.

Apocalisse 6 parla di sette anni di grande tribolazione che

avranno luogo dopo che i credenti saranno rapiti nell'aria quando il Signore tornerà. Durante i sette anni di grande tribolazione avrà anche luogo la III guerra mondiale.

«Guardai e vidi un cavallo bianco. Colui che lo cavalcava aveva un arco; e gli fu data una corona, ed egli venne fuori da vincitore, e per vincere.» (Apocalisse 6:2).

Qui «1 cavallo bianco» si riferisce agli israeliti e «colui che lo cavalcava» ai leader che hanno il controllo sul loro destino. In questo passaggio il termine «cavallo» simboleggia autorità, dignità, ma anche guerra. Il popolo di Israele ha la consapevolezza di essere il «popolo eletto di Dio.»

Questa consapevolezza diventa poi la loro arroganza e testardaggine che costantemente gli procura guerre con i paesi limitrofi. Per questo motivo c'è sempre tensione in Medio Oriente. Dal momento che Israele è stato ristabilito, molti paesi arabi lo hanno combattuto, ma, come abbiamo appena letto «...venne fuori da vincitore e per vincere.»

Ma non ha vinto tutto. Ciò significa che la battaglia è ancora in corso, ci sarà la III guerra mondiale. Proprio come nella I e nella II guerra mondiale, anche la III avrà un rapporto molto stretto con Israele.

Terza Guerra Mondiale

«Quando l'Agnello aprì il secondo sigillo, udii la seconda creatura vivente che diceva: 'Vieni. E venne fuori un altro cavallo, rosso; e a colui che lo cavalcava fu dato di togliere la pace dalla terra affinché gli uomini si uccidessero gli uni gli altri, e gli fu data una grande spada.'» (Apocalisse 6:3-4).

In questi versi, quando parla del «cavallo rosso» si riferisce alla Russia, e suggerisce che ci sarà grande spargimento di sangue. Dalla caduta dell'Unione Sovietica nel 1991, sembra che questa nazione abbia perso il suo potere, ma una volta ancora, la Russia tornerà ad essere una delle nazioni più forti del mondo. In futuro si alleerà con la Cina e diverranno una super potenza.

Divenendo la Russia sempre più forte, eserciterà una maggiore influenza sui suoi paesi vicini, e questo fatto diventerà la fonte dei conflitti. Durante i sette anni di grande tribolazione, i focolai dei conflitti diverranno una vera guerra tra le razze. Queste guerre non finiranno facilmente, ma anzi, diventeranno più grandi, e per questo si legge «gli fu data una grande spada.»

La Russia intratterrà guerra con i paesi confinanti e con le altre razze fino a partecipare nella guerra che si svolgerà in Medio Oriente contro Israele. Poi, come profetizzato in Ezechiele capitolo 38, si svilupperà nella III guerra mondiale.

Significato dell'«olio e del vino»

In Apocalisse 6:6 leggiamo: «...*ma non danneggiare né l'olio né il vino...*» L'olio sono gli Israeliti e il vino coloro che credevano nel Signore, ma non conducevano una vita propriamente cristiana, e quindi, sono rimasti su questa terra e vivranno i sette anni di grande tribolazione.

L'olio sono quegli israeliti ben disposti a ricevere la salvezza. Ciò significa che ci saranno alcuni ebrei che, vedendo come vanno le cose dopo la seconda venuta del Signore, si renderanno conto che Gesù è il vero Messia, e si pentiranno.

Il vino simboleggia le anime, che cadono a terra come il succo dell'uva che scorre dopo che è stato fatto il raccolto. Hanno frequentato la chiesa e sono credenti, ma la loro fede era morta, senza le opere. Coloro che al momento del ritorno del Signore non hanno la vera fede non possono essere rapiti nell'aria con Lui. Certo che il momento in cui si renderanno conto di essere rimasti sulla terra, saranno scioccati! Alcuni di loro cercheranno di ricevere la 'salvezza per il fuoco' attraverso il martirio, non ricevendo il 666, il marchio della bestia.

Dio li preserverà fino all'apertura del terzo sigillo (Apocalisse 6:5), e quando sarà il momento, darà loro la possibilità di ricevere la salvezza attraverso il martirio. Ecco perché dice «non danneggiare l'olio e il vino fino a quando arriverà il momento.» Questo non significa che tutti saranno salvati durante la tribolazione. Significa che i dolori e le sofferenze non li colpiranno violentemente fino a che la persecuzione e il martirio saranno perseguiti su scala mondiale.

'Il cavallo giallastro': l'Unione Europea

Apocalisse 6:8 scrive che l'Unione europea giocherà il ruolo principale nella III guerra mondiale.

> *«Guardai e vidi un cavallo giallastro; e colui che lo cavalcava si chiamava Morte; e gli veniva dietro l'Ades. Fu loro dato potere sulla quarta parte della terra, per uccidere con la spada, con la fame, con la mortalità e con le belve della terra.»*

Il cavallo di questo verso è un riferimento alle cose che verrano fatte tramite l'Unione Europea. «...e colui che lo cavalcava si chiamava Morte; e gli veniva dietro l'Ades.» Questo verso parla dell'Anticristo, che è colui che controlla le tenebre. Nel prossimo futuro, il mondo avrà tre grandi potenze.

Gli Stati Uniti, che ora sono la nazione più forte e che nel corso degli anni hanno perseguito guerre per scopi e benefici relativi solo a sé stessi.

Per mantenere gli Stati Uniti sotto controllo, si formeranno altri poteri: la Cina e la UE. Gli USA hanno goduto per molto tempo della propria posizione di nazione più forte, ma a poco a poco perderanno questo potere.

La seconda potenza è la coalizione formata dai paesi dell'ex blocco comunista che ruota intorno alla Cina e alla Russia.

La terza potenza mondiale è l'UE. I paesi del Medio Oriente, sebbene tenteranno di utilizzare il petrolio come arma per aumentare il proprio potere, sono comunque destinati a perdere la propria influenza perché più deboli rispetto agli altri tre.

Dopo il rapimento dei credenti nell'aria, il mondo cadrà nel caos estremo. Anche i non credenti sapranno che il Signore Gesù è tornato, scopriranno così che era tutto vero e, non sapendo cosa fare, saranno colti da grande paura. Ci saranno anche disastri naturali, malattie, e una crisi economica estrema che getterà il mondo nella totale confusione.

Nel frattempo, ciascuna delle grandi potenze cercherà di mantenere il controllo, in particolare, l'Unione Europea, la cui forza aumenterà rispetto alle altre, perché sarà controllata dall'Anticristo.

Con la crescente confusione che andrà sviluppandosi ovunque sulla terra, la gente vorrà una leadership forte, per avere ordine nelle società, e, in questo frangente, all'UE sarà facile ottenere più potere. All'inizio dei sette anni di tribolazione, l'UE diventerà più ricca, ma soprattutto, svilupperà un sofisticato sistema che aumenterà la sua influenza e il suo potere militare.

In questo modo, non solo uniranno tra loro i paesi europei, ma si offriranno a concedere ad altre nazioni l'utilizzo del loro sofisticato sistema.

Alle nazioni verrà proposto di seguire il sistema dell'UE, per raggiungere una stabilità nella società e raccogliere insieme i benefici di questa ritrovata serenità. Però, se un paese si rifiuta di seguire questo sistema, verrà attaccato e distrutto.

Inoltre, la UE, sempre attraverso questo sistema di controllo, deterrà tutto il cibo, mantenendo in perfetto equilibrio alimenti di prima necessità e forniture.

Il computer, la Bestia della Terra

Ora, che cosa si intende per «Fu loro dato potere sulla quarta parte della terra, per uccidere con la spada, con la fame, con la mortalità e con le belve della terra?»

La «spada» rappresenta il potere militare, e la «fame» le carestie e la crisi economica. L'UE sfrutterà queste possibilità, motivo per cui in breve tempo accumulerà una grande quantità di ricchezza.

«Con la mortalità...» significa che verranno poste restrizioni su coloro che non accetteranno il loro sistema, perseguendoli anche fino alla morte. Infine, il termine «...le belve della terra» si riferisce ai computer.

L'Unione Europea svilupperà un sofisticatissimo sistema di super computer connessi tra loro in grado di contenere tutti i dati relativi a tutti gli esseri umani della terra. Attraverso questo network potranno controllare e vigilare su tutti in ogni momento.

Perché questo sia attuabile, tutti dovranno ricevere il marchio della bestia – in pratica un codice a barre – sulla mano destra o sulla fronte. Il marchio della bestia non è altro che il mezzo attraverso cui tutte le persone potranno essere controllate non appena la potenza dell'Anticristo prenderà il controllo. Il codice conterrà tutte le informazioni personali di ognuno, e, inserendolo nella mano destra o nella fronte, è semplice poterlo consultare velocemente. In questo modo tutti potranno essere tracciati nei propri movimenti e nelle azioni che svolgono.

All'inizio, l'inserimento del codice sarà fortemente consigliato, ma nella parte centrale dei sette anni di grande tribolazione, tutti saranno costretti a ricevere il marchio. Coloro che si rifiuteranno verranno condannati, tacciati come elementi pericolosi per la stabilità sociale. Da questo momento in poi, le persone che si rifiuteranno di avere il marchio installato sul proprio corpo inizieranno ad essere martirizzate.

Ricevere il marchio della bestia durante la tribolazione significa collaborare attivamente con l'Anticristo e adorare i suoi idoli. In pratica, rinnegare il Signore.

Coloro che vorranno mantenere la fede cercheranno in tutti i modi di non ricevere il marchio, ma l'Anticristo non permetterà che ciò accada. Saranno rintracciati a uno a uno, torturati in vari modi, e minacciati finché non riceveranno il marchio. Solo quando supereranno torture crudeli e indicibili diverranno dei martiri e saranno salvati per il fuoco.

Come dopo il raccolto il contadino cerca nel campo già arato del grano che potrebbe essere caduto a terra, Dio darà in questo tempo alle persone un'altra possibilità, anche se la coltivazione umana è ormai finita. Questa volta, però, non sarà affatto facile dimostrare la propria fede. Dovranno superare torture strazianti, fame e minacce. Perché la loro fede sia provata una volta che le profezie della Bibbia si sono già adempiute, gli occorrerà una fede davvero grande.

Il diavolo manovrerà l'Anticristo in modo da potersi prendere anche una sola persona in più all'inferno. Questo è il motivo per cui ai credenti durante la grande tribolazione saranno inflitte torture che nessun uomo può sopportare. Se il credente a questo punto non rinnega il Signore, inizieranno a torturare i suoi familiari e i suoi figli davanti ai suoi occhi.

Se un credente si arrende, se il dolore è troppo e rinnegherà Gesù, riceverà il marchio, e a quel punto non ci sarà più nulla da fare. È consapevole e sa che soffrirà nelle fiamme dell'inferno per sempre.

Durante gli anni della grande tribolazione, lo Spirito Santo non sarà più sulla terra, per questo diverrà quasi impossibile superare i dolori e le sofferenze inflitte dalle torture solo ed esclusivamente con la propria forza di volontà.

Oggi viviamo in un'epoca in cui il secondo ritorno del Signore è sempre più vicino, ecco perché dovremmo essere in grado di discernere la fede che abbiamo e farci trovare pronti, come una sposa adorna che aspetta il Signore.

Il Grande Santuario, simbolo della vittoria nella coltivazione del genere umano

Subito dopo l'apertura della chiesa, il Signore mi diede la visione della missione mondiale e della costruzione del Grande Santuario. Era luglio 1984, quando insieme con i membri della chiesa digiunavamo e pregavamo perché ci occorreva un nuovo santuario, visto che quello che avevamo era troppo piccolo. In questo frangente, Egli ci rivelò in dettaglio il nostro dovere e il nostro ruolo come chiesa durante gli ultimi tempi e riguardo la costruzione del Grande Santuario.

«Mio caro servo, prima che io ritorni vi permetterò di costruire un Grande Santuario a cui parteciperanno tutti i popoli della terra. Quando dirai che stai costruendo un santuario, coloro che non comprendo il cuore di Dio e non hanno la fede diranno: «Perché spendere questa grande quantità di denaro per costruire un edificio, invece che per l'opera missionaria?»

Il Santuario dovrà essere costruito con i materiali più belli che si trovano sulla terra. Non lo dovrai fare da solo, non lo costruirai con le tue forze, ma, questo si saprà in tutta la terra e re e nazioni vi daranno supporto.

Quelli con le competenze doneranno le loro competenze, quelli con la saggezza, la loro saggezza, e quelli con la disponibilità economica, le loro finanze. Non vi sarà mai alcuna mancanza ma solo abbondanza. Gli uomini hanno costruito edifici grandiosi per altri uomini, anche per il diavolo, ma mai in quest'epoca hanno ancora costruito qualcosa per Dio!»

Ogni volta che una chiesa vuole costruire un santuario grandioso e magnifico, ci sono sempre alcuni che dicono: «Non sarebbe forse meglio spendere tutti quei soldi per opere missionarie o in beneficenza? Perché spendere tante risorse economiche solo per un edificio?»

Quanti edifici ci sono nel mondo, costruiti unicamente per il divertimento e il piacere degli uomini, che sono costati fortune? Dopo che Salomone costruì il Tempio di Dio, non c'è mai più stato sulla terra un edificio costruito come un vero e proprio tempio di Dio.

Quando Salomone costruì il Tempio di Dio, l'Eterno gli fece sapere in dettaglio le dimensioni, la struttura, e anche gli attrezzi che andavano utilizzati. Salomone si fece consegnare il legno migliore, oro, argento e altri materiali preziosi provenienti dai paesi limitrofi. Addirittura la costruzione fu placcata con piccoli oggetti d'oro per renderla più magnificente.

A forma di corona

Dio mostrò a Mosè visioni e rivelazioni riguardo il tabernacolo che doveva costruire. Allo stesso modo, Egli ci ha fatto sapere con gran dovizia di dettagli come dovrà essere il Grande Santuario. In generale dovrà avere una forma circolare, a simbolizzare che l'universo è infinito.

Per rivelare la gloria e la dignità di Dio, il Grande Santuario sarà il santuario migliore e più bello della storia umana. Alto 70 metri dal basamento alla torre a forma di croce, avrà un diametro complessivo di 600 metri. Solo un ornamento mostrerà la bellezza e la potenza di Dio. Questo conterrà anche la gloria della

Nuova Gerusalemme e l'espressione delle opere della creazione di Dio.

Sulla linea esterna del santuario saranno costruite dodici grandi colonne di marmo, a simboleggiare le dodici pietre su cui si basa la Nuova Gerusalemme. Ogni pilastro sarà circondato da incisioni floreali. Il centro di ogni fiore sarà decorato da uno dei gioielli delle dodici pietre sacerdotali.

Tra ogni pilastro verrà collocato un cancello grande come il cancello perlato della Nuova Gerusalemme. Ogni porta avrà due grandi sculture di angeli. Inoltre, tra i dodici grandi pilastri saranno inseriti sette piccoli pilastri, e ciascuno verrà decorato con bassorilievi che ritraggono il lavoro compiuto durante ogni giorno della creazione.

Ad esempio, il primo pilastro sarà abbellito con sculture e decorazioni che emettano i colori dell'arcobaleno e una luce intensa, al fine di mostrare che il primo giorno venne creata la luce. Il sesto pilastro avrà le sculture di mucche, pecore o altri animali, e anche le forme di Adamo ed Eva.

Il pulpito del Gran Santuario sarà semovente e ruoterà. Il tetto sarà apribile e l'apertura sarà a forma di croce. Le sedie avranno tutte monitor individuali, e più in generale, il santuario sarà dotato di strutture e attrezzature tecnologiche d'avanguardia.

La veduta aerea del santuario sarà quella di una corona, proprio come il vincitore che riceve la corona d'alloro, questa corona simboleggia la coltivazione umana giunta al termine con la vittoria di Dio.

Dio desidera che i suoi figli che hanno coltivato la santità del cuore gli costruiscano un Grande Santuario. Egli ci ha condotto a vivere secondo il vangelo di santità e ci ha guidato a liberarci di tutte le forme di malvagità, purificano il nostro cuore in questo mondo che è pieno di peccati.

Congiuntamente, come chiesa stiamo attuando questo processo di liberazione dal peccato, santificandoci ogni giorno, al punto di spargere sangue se sarà necessario. Questo ha causato una crescita spirituale esponenziale e una la grazia speciale del Signore su di noi. Dio ci sta preparando come si preparano le spose, in modo che quando verrà noi lo riceveremo nel Grande Santuario.

Come segno della sua presenza con noi, Egli ci mostra sempre gli arcobaleni circolari, li vediamo spesso sopra la nostra chiesa o nei campi missionari Manmin in tutto il mondo. Anche per questo segno io so che noi costruiremo il Grande Santuario.

Egli mi ha condotto più volte a Dubai e in altri paesi in Medio Oriente per la costruzione del Grande Santuario. Mi ha concesso l'amicizia di alcuni uomini d'affari importanti. Non solo, più di 8.000 chiese in tutto il mondo stanno partecipando al ministero della Chiesa Manmin come frutto della missione mondiale che abbiamo sviluppato finora.

Fino a quando non avrò predicato il Vangelo in ogni angolo della terra, fino a quando la costruzione del grande santuario che contiene la profonda provvidenza di Dio non sarà terminata, e fino al giorno in cui riceveremo il Signore Gesù che ritorna, continuerò senza sosta le mie preghiere e il ministero che Lui mi ha affidato.

Epilogo

Come un albero che guarda verso il cielo

Che espande le sua radici profonde nel terreno,

Non solo sotto il sole splendente

Ma anche nella tempesta, nel vento e sotto la rugiada gelida.

Negli ultimi ventisei anni,

Ogni volta che mi sono inginocchiato a pregare, rivolto verso il cielo,

L'amore di Dio mi ha guidato

nel più profondo mondo dello spirito;

Ha aperto il cancello

del regno spirituale, della nuova dimensione.

La provvidenza degli ultimi tempi è continuata.

Sono arrivato fin qui,

Solo per l'amore sincero di Dio,

Che è sempre lì e

che non muta, che non si sposta come fanno le ombre.

Sebben alcuni abbiano

frainteso le opere di Dio

o sono stati gelosi

al punto da diffondere falsità,

io, ho solo continuato a pregare Dio,

Perché la verità viene sempre rivelata alla fine della storia.

Ci sono alcune cose di cui non posso parlare,

cose che mi tengo nel cuore.

Confesso che tutto il contenuto di questo libro

è la verità

di cui io non mi vergogno.

Storia personale e Storia della Chiesa Manmin

1943.04.   Nasce ultimogenito, dopo tre figli e tre figlie, da Chabeom
           Lee, il padre, e Gamjang Cho, la madre, nella città di Ri
           Shinkil, Heje Myeon, Muan Goon, provincia di
           Cheonnam;

1956.02.   Termina la Scuola Elementare Boonhyang, nella provincia
           di Cheonnam;

1959.02   Diploma presso la Songjung Middle School, nella
           provincia di Cheonnam;

1962.02   Diploma presso la Dan-Guk Industrial High School di
           Seoul;

1964.09   Ritirato dalla Facoltà di Ingegneria dell'Università di
           Hanyang;

1967.04   Completa il servizio militare;

1968.01   Sposato con Boknim Lee. Si ammala a causa di pesanti
           bevute durante la festa di nozze;

1970.11   Nasce la prima figlia Miyoung Lee. Lascia l'azienda
           editoriale in cui lavora a causa della perdita dell'udito;

1972.10   Nasce la seconda figlia Mikyung Lee;

1974.04   Sperimenta l'Iddio vivente durante la chiamata all'altare di
           Hyun Shin Ae e accetta il Signore;

1974.11   Partecipa a una riunione di Risveglio presso la chiesa di
           Sungdong in Oksu Dong e inizia una vera vita cristiana;

1975.08   Nasce la terza e ultima figlia Soojin Lee;

1979.03   Accettato presso l'università teologica Holiness
           Theological Seminary;

1982.07   Apertura della Chiesa Manmin;

1983.02   Laurea presso l'università teologica Holiness Theological
           Seminary;

1986.05   Ordinato come Pastore;

1987.06   La sua testimonianza viene passata in onda per un mese sul
           Christian Broadcasting System (CBS);

1990.   I suoi sermoni vengono trasmessi su base regolare sui
           canali: FEBC, Asia Broadcasting, e Washington Christian
           Radio System;

1990.05	Oratore durante la Crociata dello Spirito Santo presso una Missione nella regione dello Yeongnam;
1991.03	Oratore durante la Crociata di Benedizione presso un'Evangelizzazione a Daegu;
1991.07	Fondazione della Jesus United Holiness Church of Korea;
1992.03	Inaugurazione della Nissi Orchestra, nella giornata di apertura ospita il Rev. HyeonKyoon Shin come oratore principale; Conferenza per tutti i membri della Chiesa dal titolo: «Ascoltare, vedere, e capire con il cuore;» Articoli del Dr. Lee vengono pubblicati regolarmente dal quotidiano *Hankook Ilbo* Daily (in Corea e negli Stati Uniti);
1992.05	Partecipa alla National Prayer Breakfast;
1992.08	Co-presidente della Crociata World Holy Spirit Evangelization Crusade;
1993.02	La Manmin Central Church viene inclusa tra le 50 chiese più grandi del mondo dalla rivista statunitense *«Christian World;»*
1993.05	Inizia la prima serie degli incontri annuali di risveglio di due settimane con il Rev. Jaerock Lee;
1993.08	Oratore per la Crociata di Evangelizzazione a Washington;
1993.09	Oratore durante la Crociata di Evangelizzazione a Los Angeles; Presidente Onorario della Celebrazione per la 20esima giornata della Corea a Los Angeles nella «Korea Town;» Benedizione presso l'ufficio del sindaco di Los Angeles City; Riceve la cittadinanza onoraria dalla città di Los Angeles;
1993.10	Diversi sermoni vengono pubblicati da un notevole numero di Stampa Cristiana;
1994.02	Orazione d'apertura e incoraggiamento presso la 6a divisione dell'esercito coreano, durante il servizio d'inaugurazione tenuto per i militari presso la Siloam

Church;

1994.05   Oratore per crociate a Washington e a Baltimora;
Eletto come presidente del Washington Christian Radio System ;

1994.06   Oratore principale alla Conferenza dei Leader di Chiesa Pentecostali in Tanzania;

1994.07   Inaugura la Holy Spirit Evangelization Crusade a Seoul; Nominato Vice-Presidente della International Supply Bible Mission Association;

1994.09   Avvio del sistema telefonico di risposta automatico in assistenza alla preghiera per i malati;

1994.11   Oratore principale presso la Ida United Crusade in Giappone;

1994.12   Lezione speciale sul tema del risveglio presso una struttura affiliata del Movimento Nazionale per l'Evangelizzazione della Corea;

1994.12   Programma tv speciale per il 40° anniversario della CBS registrato presso la Manmin Central;

1995.02   I Pastori del «Gruppo di preghiera per la Corea» ospitano149 pastori da tutto il paese per una conferenza nazionale

1995.03   La Chiesa Manmin ospita una Crociata Cittadina per l'evangelizzazione di Seoul organizzata dal Nation Evangelization Movement;
Sermoni del Dr. Lee vengono mandati in onda ogni settimana dalla CBS;

1995.04   Oratore per la «World Mission Convention» di Los Angeles, organizzata dalla World Evangelization Association;

1995.05   Le predicazioni del Dr. Lee iniziano ad essere trasmesse dalla CBS di Chooncheon;

1995.07   In qualità di presidente ad interim officia la preghiera inaugurale della «Special Prayer Crusade for the Nation» organizzata dal Nation's Re-Unification Evangelization

Movement;

1995.08 Visita Chungwadae, la casa presidenziale, in qualità di membro esecutivo della riunificazione pacifica, durante il Giubileo per la celebrazione del 50° anniversario dell'indipendenza della Corea;
Dopo la visita presidenziale, il Dr. Lee porta una relazione;
I suoi sermoni ora trasmessi anche sulla Radio Korea of New York City;

1995.09 Invitato a partecipare alla 22esima celebrazione della Giornata della Corea di Los Angeles in qualità di presidente onorario;

1995.10 I suoi sermoni ora trasmessi in Daejeon FEBC;
Fondato il Centro Missionario Manmin in Africa;
La Manmin Central partecipa alla giornata della donazione di sangue organizzata dal Movimento «Practice Love;»

1995.11 Crociata Risveglio a Mizpah dal tema «Pentimento e Amore;»
Il Dr. Lee scrive articoli su base regolare per il «*Christian Herald,*» un settimanale cristiano degli Stati Uniti;

1995.12. FEBC: «La nostra buona chiesa» programma TV registrato presso la Manmin Central;

1996.02 Oratore durante la Korean Churches United Crusade e la Conferenza dei Pastori tenutesi alle Hawaii;

1996.03 Nominato co-Presidente dell'Associazione Evangelistica dei Magistrati Coreani;

1996.04 I sermoni del Dr. Lee trasmessi dalla CBS in Daegu;
Nominato vice presidente del 2002 World Cup Mission Group (durante i mondiali di calcio) ;

1996.06 Apertura del Centro Benessere Manmin;

1996.07 Officia la Argentina Korean Blessing Crusade e la 14esima Conferenza dei Pastori di Argentina;
Selezionato come una delle «persone che muovono la Corea» dal quotidiano Joong-ang;

1996	Inaugurazione del Santuario di Guro Dong;
	I suoi sermoni trasmessi dal Christian Broadcasting di Vancouver, Canada;
	Partecipa alla Corea/Giappone United Prayer Crusade del 2002 organizzata dal World Cup Mission Group;
1996.09	Crociata di evangelizzazione a Shinshu, in Giappone;
1996.11	Presiede il concerto di lode in favore dei bambini senza dimora, organizzato dal Nation Evangelization Movement Center;
1996.12	Inizia la trasmissione simultanea dei servizi di culto dalla Manmin Central alle chiese filiali in Corea;
	I suoi sermoni trasmessi ogni settimana dal Christian Broadcasting di Philadelphia, Stati Uniti d'America;
1997.03	Sermoni del Dr. Lee trasmessi dalla Korean Broadcasting, New York;
	Le predicazioni in onda ogni settimana sulla Korean Broadcasting in Auckland, Nuova Zelanda;
1997.07	Nominato presidente permanente della Nation Evangelization United Crusade del '98;
1997.08	Rev. Dan Marino, il preside della Parkway Christian Academy degli Stati Uniti visita la chiesa Manmin per studiarne il rapido risveglio;
1997.09	Partecipa alla Crociata evangelistica «Great Evangelism Crusade» e alla Conferenza dei pastori organizzate dalla Washington Christian Radio Station;
	Oratore durante la Korea-America United Crusade organizzata dall'associazione delle chiese del Maryland;
1997.10	Officia la 2a Conferenza dei Pastori d'Argentina tenutasi presso la Argentina Love Mission;
1998.01	Testimonial durante il programma speciale di fine anno della CBS dal titolo «Rinnovaci;»
1998.02	Servizi di risvegli speciali per i malati;
	Oratore durante la Crociata «Holy Spirit Crusade for Saving the Nation» organizzato dalla World Christian

Revival Mission Association;
Nominato come Presidente della Associazione World
Christian Revival Mission;

1998.03 Nominato presidente dell'Associazione Evangelistica dei
Magistrati Coreani;
Oratore durante la Crociata Coreana di Preparazione per
la «International Mission Crusade» di Tokyo;

1998.05 Riceve Targa di apprezzamento da parte dell'Hosanna
Mission per il suo contributo allo sviluppo di tale
organizzazione e per la missione e l'evangelizzazione della
nazione;
Preghiera d'apertura durante la manifestazione «No alla
violenza nella scuola» organizzata dall'Associazione
Evangelistica dei Magistrati;

1998.06 Partecipazione al 6° concerto di beneficenza per
l'Evangelizzazione nelle Carceri organizzato dalla
Onesimus Mission;
Crociata Nazionale di Preghiera per salvare il paese
organizzata dalla World Evangelization Assocation;

1998.10 Inaugurazione del «Korea Lawyers Mission Association»
(associazione missionaria di avvocati coreani) e Incontro
di preghiera per la Nazione;

1998.12 Concerto di beneficenza a favore dei disabili organizzato
dalla «Practical Love for Nation Association;»
Vision 21st Movement celebra presso la Chiesa Manmin il
44° anniversario della CBS;

1999.04 Concerto di Lode a favore di bambini senza casa e
famiglia, presso la MBC Concert Hall di Masan;
Partecipazione alla manifestazione «No alla violenza nelle
scuole» organizzata dall'Ufficio della Procura distrettuale
di Seoul;

1999.07 Nominato presidente emerito della World Christian
Assocation Mission Revival;

2000.02 I sermoni del Dr. Lee trasmessi dalla International Gospel

Radio Station di Vladivostok;

2000.06   I suoi sermoni trasmessi in inglese dalla Mabuhai Radio Station di Manila, Filippine;

2000.07   Oratore principale della «2000 Uganda Pastors Conference» e durante la Crociata Evangelistica serale in Uganda;
Le opere potenti manifestate durante la conferenza in Uganda trasmesse in onda dalla CNN;

2000.09   Oratore alla Nagoya United Crusade in Giappone;

2000.10   Oratore durante la Conferenza dei Pastori Pakistani e durante la Crociata Evangelistica serale in Pakistan;
SK Tressler, Ministro della Cultura, Sport, Giovani e Turismo partecipa alla veglia di preghiera notturna del Venerdì presso la Chiesa Manmin centrale;

2001.01   Fondazione della Manmin TV;

2001.06   Le opere potenti di Dio in onda su TV RPN, Filippine;
Oratore durante la Conferenza dei Pastori in Kenia e durante la Crociata Evangelistica serale;

2001.09   Oratore durante la Conferenza dei pastori nelle Filippine e durante la Crociata Evangelistica serale;

2002.07   Oratore durante la Conferenza dei Pastori in Honduras e durante la Crociata Evangelistica serale;

2002.10   Oratore durante la Conferenza dei Pastori Pakistani e durante la Crociata «Healing Festival Miracle»

2003.02   Riceve targa di apprezzamento da parte dell'Associazione delle chiese di Los Angeles e dall'Associazione Ecumenica della California per lo sviluppo della cooperazione tra le chiese coreane e statunitensi e per le azioni evangeliche dedicate;

2003.11   Oratore durante la Conferenza dei Pastori in Russia e durante la Crociata «Healing Festival Miracle;»

2004.05   Oratore per il 12° anno delle due settimane Speciali di Risveglio presso la Chiesa Manmin;

2004.10   Oratore principale durante la Crociata «Healing Festival

Miracle» in Germania;

2004.12 Oratore durante la Crociata «Healing Festival Miracle» in Perù;
Invitato dal Presidente del Perù, Toledo, lo incontra nel palazzo presidenziale;

2005.05 Dr. David Waisman, Vice Presidente del Perù, e il signor Maximo San Roman, ex vice presidente del Perù, visitano la Manmin Central Church;

2005.09 GCN (Global Christian Network) inizia a vedere i primi passi;

2005.10 23° Anniversario della chiesa Manmin e lancio del GCN;

2006.02 Oratore durante la Crociata «Healing Festival Miracle» nella Repubblica Democratica del Congo;
Incontro con il Presidente della DR del Congo Joseph Kabila;

2006.05 Dr. Mikhail Morgulis, il presidente organizzatore della crociata di New York e il pastore Mark Bazalev (sempre organizzatore della crociata di NY) visitano la Manmin Central Church;

2006.06 3a edizione del WCDN (World Christian Doctors Network), la Conferenza Medica Internazionale, tenutasi nelle Filippine;

2006.07 Oratore durante la crociata evangelistica di New York del 2006 che viene trasmessa in diretta in oltre 200 paesi;
Riceve targhe di apprezzamento ed encomi da parte del Senato e dell'Assemblea dello Stato di New York, e del New York City Council;

2006.10 24° Anniversario della Chiesa e 1° anniversario del GCN;

2007.02 Partecipa alla 64° MIB «Convention and Exposition»

2007.04 MIS (Manmin International Seminary) organizza una serie di conferenze per i Pastori in America Latina;

2007.07 4a International Christian Medical Conference a Miami, Stati Uniti d'America;

2007.09 Certificazione di sicurezza e purezza da parte della FDA

(Food and Drug Administration) degli Stati Uniti riguardo l'acqua dolce proveniente dalla sorgente di Muan;

2007.10 25° anniversario della chiesa e 2° anniversario del GCN;

2007.11 La 4a conferenza del WCDN si tiene nel Sud-Est asiatico, a Jakarta, in Indonesia;

2008.03 Partecipazione alla 65a MIB Convention e al 9° Salone delle Esposizioni del FICAP;

2008.04 Urim Editore partecipa come espositore alla 14a Fiera Internazionale del Libro di Seoul;

2008.05 La 5a Conferenza del WCDN si svolge a Trondheim in Norvegia;

2008.10 10° Anniversario della Chiesa e 3° anniversario del GCN;

2008.11 Conferenza dei Pastori e Crociata di Guarigione del Fazzoletto a Chennai in India, organizzata dal Pastore Mikyung Lee;

2009.01 4° anniversario della missione per i rifugiati della Corea del Nord;

2009.02 Partecipa alla 66a Convenzione ed Esposizione del MIB; Conferenza dei Pastori e Crociata di Guarigione del Fazzoletto nelle Filippine organizzata dal Pastore Mikyung Lee;

2009.03 Partecipazione alla 10a Mostra/Convention del FICAP;

2009.04 Conferenza dei Pastori e Crociata di Guarigione del Fazzoletto in Pakistan, organizzata dal Pastore Taesik Gil;

2009.06 Conferenza dei Pastori e Crociata di Guarigione del Fazzoletto in Vietnam, organizzata dal Pastore Rainbow Lee;

2009.07 Inaugurazione e Dedicazione al Signore della spiaggia della Muan Sweet Water e del laghetto artificiale;

2009.09 Oratore principale durante la United Crusade in Israele dal tema «Dio è grande;»

2009.10 27° Anniversario della Chiesa e 4° Anniversario GCN

2009.11 La 6a WCDN (International Christian Medical Conference) si tiene a Kiev, in Ucraina;

2010.02	Partecipa alla 67a Convention Espositiva del MIB; Nominato come uno dei 10 leader cristiani più influenti del 2009 dalla rivista «In Victory» e dal christiantelegraph.com;
2010.03	Partecipa all'11a Convention Espositiva del FICAP;
2010.05	La 7a WCDN (International Christian Medical Conference) viene organizzata a Roma, in Italia;
2010.07	4° Campo dal tema «Il Messaggio della Croce» in Finlandia;
2010.09	Conferenza con il Vescovo Myongho Cheong dal titolo «Questo è il tuo giorno per il miracolo» in commemorazione della Crociata del 2009 svoltasi in Israele;
2010.10	Oratore durante la «Crociata per la Guarigione Miracolosa» in Estonia;
2011.01	Nominato come uno dei 10 leader cristiani più influenti del 2010 dalla rivista «In Victory» e dal «christiantelegraph.com;»
2011.02	Partecipa alla 68a Convention Espositiva dell'NRB;
2011.02	Partecipa come espositore alla Fiera Internazionale del Libro di Gerusalemme, diffondendo così il Vangelo della santità attraverso i suoi libri in più di 25 lingue;
2011.06	L'8a WCDN (International Christian Medical Conference) si tiene a Brisbane, in Australia;
2011.06	Riunioni speciali di guarigione presso la Manmin Central Church dopo le quali più di un migliaio di persone testimoniano il recupero completo della vista e la guarigione dalla cecità;
2011.10	2a Conferenza Commemorativa della Crociata in Israele del Dr. Jaerock Lee svoltasi nel 2009 che vede come oratore ospite il Dr. Morris Cerullo;

Note sull'autore:
Dr. Jaerock Lee

Il Dott. Lee è nato nel 1943, a Muan, in provincia di Jeonnam, nella Repubblica della Corea. Intorno ai vent'anni iniziò a soffrire di varie malattie incurabili. Dopo sette anni di sofferenza e senza alcuna speranza di guarigione, non gli restava che aspettare la morte. Un giorno, nella primavera del 1974, fu condotto in una chiesa da sua sorella e come si inginocchiò per pregare, l'Iddio vivente lo guarì immediatamente da tutte le sue malattie.

Dall'istante in cui ha incontrato l'Iddio vivente attraverso quell'esperienza meravigliosa, lo ha amato con tutto il suo cuore e tutta la sincerità di cui era capace. Nel 1978 fu chiamato ad essere un servitore di Dio. Seguì un periodo di preghiera profonda in modo da comprendere e compiere chiaramente la Sua volontà. Nel 1982, ha fondato la Chiesa Centrale del Ministerio Manmin in Seoul, Sud Corea e compiuto innumerevoli opere per mano di Dio, incluse guarigioni miracolose e molti miracoli.

Nel 1986, Il Dott. Lee è stato ordinato pastore durante la Riunione Annuale della Jesus' Sungkyul Church of Korea, e quattro anni più tardi nel 1990, i suoi sermoni cominciarono ad essere trasmessi in onda dalla Far East Broadcasting Company, dalla Asia Broadcast Station, and the Washington Christian Radio System fino in Australia, Russia, Filippine e molte altre nazioni.

Tre anni più tardi nel 1993, la Manmin Central Church è stata nominata tra le «50 Chiese più grandi del mondo» dal periodico cristiano *«Christian World Magazine»* (Stati Uniti). Inoltre, il Dott. Lee ha ricevuto un Dottorato Onorario presso l'università cristiana, «Christian Faith

College», Florida, Stati Uniti e nel 1996 un Dottorato Ministeriale presso l'università teologica «Kingsway Theological Seminary», Iowa, Stati Uniti.

Dal 1993 il Dott. Lee ha intrapreso la direzione di una visione missionaria mondiale esplicitandola attraverso crociate all'estero, di cui alcune svoltesi a Los Angeles, Baltimora, New York (Stati Uniti), Tanzania, Argentina, Uganda, Giappone, Pakistan, Kenia, la Filippine, Honduras, India, Russia, Germania, Perù, nella Repubblica Democratica del Congo, Israele e Estonia. Nel 2002 molte riviste e giornali cristiani in Corea lo hanno definito «pastore mondiale» in riferimento al suo lavoro missionario all'estero.

Ad oggi, settembre 2013, la Chiesa Manmin Centrale è una congregazione che conta oltre 120.000 membri e 10.000 chiese affiliate, nazionali ed estere, ha commissionato più di 123 missionari in 23 paesi, inclusi Stati Uniti, Russia, Germania Canada, Giappone Cina, Francia India, Kenia ed altri.

Fino a questo momento Il Dott. Lee ha scritto 88 libri, inclusi i best-seller: *Gustare la Vita Eterna prima della Morte, La Mia Vita, La Mia Fede, Il Messaggio della Croce, La Misura della Fede, Cielo I e II, Inferno,* e *La potenza di Dio,* tradotti in più di 76 lingue.

Il Dott. Lee è attualmente fondatore e presidente di un notevole numero di organizzazioni missionarie, oltre ad essere il presidente della chiesa «United Holiness Church of Jesus Christ», delle missioni mondiali Manmin, del «GCN», network coreano di televisioni cristiane, del «WCDN» il primo network mondiale di medici e dottori cristiani e del «MIS» il seminario internazionale del ministerio Manmin.

Cielo I & II

Uno schema dettagliato dell'ambiente meraviglioso che i cittadini del cielo godranno immersi nella gloria di Dio, la Nuova Gerusalemme e il regno dei cieli.

Il Messaggio della Croce

Un messaggio potente e rinvigorente per tutti quelli che sono spiritualmente sonnecchianti. In queste pagine troverete l'amore vero di Dio e le ragioni per cui Gesù è l'unico Salvatore.

Inferno

Un accorato messaggio divino a tutto il genere umano. Dio desidera che ogni anima sia salvata e non precipiti all'inferno! Questo libro svela dettagli e racconti sulle crudeltà dell'inferno come mai sono stati narrati prima.

La Mia Vita, La Mia Fede I

L'autobiografia del Dott. Jaerock Lee. Un aroma spirituale fragrante per il lettore, che, attraverso la vita del pastore Lee, testimonierà dell'amore di Dio che ha rotto il giogo della disperazione più profonda.

La Misura della Fede

Quale regno, quale corona e quale ricompensa sono state preparate per voi in cielo? Questo libro provvede, con sapienza e rivelazione, una guida alla comprensione del concetto di "misura di fede" per maturare nella tua fede.